Anselm Grün/Maria-M. Robben
Gescheitert? Deine Chance!

W0197631

Anselm Grün
Maria-M. Robben

Gescheitert?
Deine Chance!

VIER-TÜRME-VERLAG, MÜNSTERSCHWARZACH

Die Deutsche Bibliothek – CIP-Einheitsaufnahme

Grün, Anselm:
Gescheitert? – Deine Chance / Anselm Grün , Maria-M. Robben. –
1. Aufl. – Münsterschwarzach : Vier-Türme-Verl., 1999
   ISBN 3-87868-169-0

1. Auflage 1999
© by Vier-Türme GmbH, D-97359 Münsterschwarzach Abtei
Gesamtherstellung: Vier-Türme GmbH, Münsterschwarzach Abtei
ISBN 3-87868-169-0

Inhaltsverzeichnis

Einleitung

Immer mehr Menschen scheitern in ihrem Lebenskonzept. Eheleute, die sich feierlich die Treue geschworen haben, trennen sich nach einigen Jahren, weil es einfach nicht mehr weitergeht. Menschen, denen man eine große Zukunft vorhersagte, scheitern in ihrem Beruf. Sie müssen ihren Beruf aufgeben, oder sie verlieren ihn über Nacht, weil die Firma Konkurs macht. Oder aber sie scheitern in ihrem Lebenskonzept. Sie geraten in eine Sucht, so daß alles, was sie sich aufgebaut haben, zunichte wird. Sportler, die von allen als große Talente gepriesen wurden, verschwinden in der Versenkung. Sie scheitern an dem Ruf, den ihnen die Presse anhängt. Männer und Frauen treten aus ihren Ordensgemeinschaften aus und versuchen, einen neuen Weg zu gehen. Priester geben ihr Amt auf und heiraten.

Der Prozeß, den all diese scheiternden Menschen durchmachen, ähnelt sich in vielem. Da ist zunächst die große Begeisterung, dann die Ernüchterung. Der Scheiternde spürt, daß es so nicht mehr weitergeht. Er bäumt sich dagegen auf und möchte den eingeschlagenen Weg unter allen Umständen weitergehen. Aber es geht einfach nicht. Der Körper rebelliert. Die Psyche meldet sich zu Wort. Nach langen Kämpfen entschließt sich mancher schließlich zur Trennung vom bisherigen Lebensweg. Aber dann fühlt er sich noch lange nicht frei. Er geht durch ein Tal der Trauer über das verlorene Lebenskonzept und über die zerbrochene Identität. Schließlich versuchen die meisten, einen neuen Weg zu gehen. Aber es ist mühsam. Die Trauer saugt ihnen viel Energie ab. Erst nach einem oder zwei Jahren sind viele fähig, einen neuen Weg zu gehen. Sie spüren in sich wieder neue Kraft, neue Lust am

Leben. Im Folgenden möchten wir diesen Prozeß in fünf verschiedenen Bereichen beschreiben: das Scheitern in einer Ehe, im Beruf und in einem Lebenskonzept, in einer Ordensgemeinschaft und als Priester.

In der Kirche haben wir lange Zeit das Scheitern verdrängt. Wer richtig lebt, wer sich nach den Geboten Gottes und der Kirche richtet, der wird nicht scheitern. Wenn dann jemand gescheitert ist, dann gab es als einzige Hilfe die „Heimholung" des Gescheiterten. Er soll endlich wie der verlorene Sohn im Gleichnis Jesu (vgl. Lk 15) einsehen, daß er den falschen Weg gegangen ist. Doch wenn wir dem Gescheiterten vermitteln, wir hätten es schon lange kommen sehen, daß er in einer Sackgasse lande, dann werden wir ihm nicht helfen können. Ich kann das eigene Scheitern nicht annehmen, „wenn eine(r) danebensteht, der durch mein Scheitern bestätigt wird und den stillen Triumph, endlich Recht zu bekommen, kaum verhehlen kann. Seine Hilfe wäre mir eine fortgesetzte Demütigung, eine auf meine Kosten genossene Selbstbestätigung." (Fuchs/Werbick 110) Wir können dem Gescheiterten nur dann helfen, wenn wir sein Scheitern an uns heranlassen und uns selbst davon in Frage stellen lassen. Vielleicht entdecken wir im Scheitern des andern, daß wir in uns alle Zweifel an unserem eigenen Weg unterdrückt haben, daß aber unter der Oberfläche vermeintlicher Sicherheit eine tiefe Verzweiflung steckt. Im Grunde unseres Herzens erahnen wir, daß unser Weg nicht zum Leben führt. Nur wenn wir das Scheitern des andern an uns heranlassen, können wir uns einfühlen. Wir müssen das Scheitern nicht einfach als Unfall sehen, den man heilen muß, indem man den früheren Zustand wieder herstellt. Vielmehr ist Scheitern immer auch die Chance für einen Neubeginn, für etwas ganz anderes, das im Gescheiterten wachsen möchte.

Die Existenzphilosophie hat das Scheitern als wesentliches Kennzeichen des Menschen gesehen. Das Scheitern ist eine entscheidende Herausforderung des Menschen, „wo ich entweder verzweifelnd mir bewußt werde, gar nicht zu sein, oder eines ursprünglicheren Seins inne werde" (Ebd 27). Aber wir dürfen das Scheitern auch nicht verherrlichen, als ob wir scheitern müßten, damit wir – wie Augustinus meint – die Welt nicht lieben und uns nicht in ihr einrichten. Scheitern muß nicht sein, damit wir auf den rechten Weg kommen. Aber es ist eine Tatsache, daß wir immer wieder scheitern. Gotthard Fuchs und Jürgen Werbick haben einige Kennzeichen des Scheiterns aufgezählt: Scheitern ist immer „Einbruch von außen, ... ein blitzartiges Widerfahrnis" (Ebd 31). „Zum Scheitern gehört – im Unterschied zur Krise – wohl immer das Gefühl, keine Alternativen und Chancen mehr zu haben, keine Auswege mehr zu sehen." (Ebd 31) Was der einzelne als Scheitern erlebt, hängt natürlich von seinem eigenen Lebenskonzept und vom sozialen Kontext ab.

Da Scheitern oft als Niederlage erlebt wird, versuchen viele, ihrer Niederlage aus dem Weg zu gehen, indem sie sich mit den Siegern identifizieren. Wer z.B. sein Priesteramt aufgibt, hängt sich an Feinde der Kirche, die ihm das Gefühl vermitteln, sein Schritt sei der einzig richtige gewesen. Denn in der heutigen Zeit könne man vernünftigerweise nicht Priester sein. Andere versuchen, ihr Scheitern „durch besseres Verhalten wettzumachen" (Ebd 32). Doch das führt nur noch tiefer in die Sackgasse des Scheiterns hinein. Andere verharmlosen das Scheitern, indem sie sich realistisch geben: „So ist eben das menschliche Leben." Oder sie verschließen die Augen. Sie versuchen, die Symptome zu kurieren, „kosmetische Veränderungen vorzunehmen und, nicht ohne Hektik, das eine oder andere Ersatzteil zu besorgen, obwohl die notwendige ‚Reparatur' das Ganze beträfe." (Ebd 33) Gegenüber diesen Fluchtversuchen vor dem eigenen Scheitern möchten wir in diesem Buch den Prozeß des Scheiterns genauer anschauen und dann nach Wegen suchen, wie Menschen ihre Niederlagen so bearbeiten können, daß daraus neues Leben erwächst, daß ihr Scheitern zu einem neuen Anfang wird.

Da wir immer wieder das Wort „Scheitern" verwenden, ist es angebracht, genauer hinzusehen, was es bedeutet. „Scheitern" kommt vom „Scheit", vom gespaltenen Holzstück. Es kommt von „scheiden" = schneiden, trennen. Scheitern meint also, daß etwas, was zusammengehört, zerschnitten, gespalten, getrennt wird. Etwas Ganzes fällt in Stücke, zerschellt in viele Einzelteile. Das, was ursprünglich als Lebenskonzept gemeint war, mißlingt und zerfällt. Das Wort „scheiden", das dem Scheitern zugrunde liegt, wird für das Scheitern der Ehe benutzt. Die Ehe wird geschieden. „Scheiden" steckt auch in Abschied. In jedem Scheitern nehmen wir Abschied von einem Idealbild des eigenen Lebens und von unserem Selbstbild. „Verscheiden" bedeutet sterben. Scheitern hat auch mit Sterben zu tun. Es stirbt etwas, auf das wir alle Hoffnung gesetzt haben. Wenn wir gescheitert sind, müssen wir uns neu „entscheiden", wohin unser Weg gehen soll. Und wir brauchen die Gabe der „Unterscheidung", um zu entdecken, warum wir gescheitert sind und wie die Scherben unseres Lebensgebäudes neu zusammengesetzt werden können, wie aus dem „Abscheiden" neues Leben geboren werden kann. Der Duden übersetzt „scheitern" mit „erfolglos aufgeben müssen, mißlingen". Scheitern heißt also, daß aus dem Grund, den ich gelegt habe, nicht das folgt, was normalerweise zu erwarten ist, daß aus meiner Liebe, aus meiner Berufung, aus meinem

Engagement nicht das Folgerichtige erwächst, sondern daß es einen Bruch gibt. Etwas mißlingt, d.h. es glückt nicht. „Gelingen" ist mit „leicht" verwandt. Das Scheitern zeigt mir, daß das Leben nicht so leicht ist, daß es nicht so „leicht vonstatten geht", wie ich es erwartet habe. Statt Glück und Erfolg bedeutet das Scheitern erst einmal Unglück und Erfolglosigkeit. Erst wenn das Scheitern angenommen wird, kann das Leben auf neue und vielleicht authentischere Weise gelingen.

I.
Scheitern in der Ehe

1. Wege zueinander

Es gibt viele Gründe, warum Mann und Frau sich finden und heiraten. Vordergründig ist es klar, daß sich ein Mann in eine Frau verliebt oder umgekehrt und daß der Partner diese Liebe erwidert. Und irgendwann wird aus dem Verliebtsein eine Liebe, die ihnen den Mut schenkt, sich für immer aneinander zu binden. Aber wenn wir die Beziehung vieler Eheleute anschauen, so erkennen wir, daß sie in ihrem Verliebtsein viele unbewußte Seiten auf den Partner projiziert haben. Verlieben hat immer mit Projektion zu tun. Ich verliebe mich in einen Menschen, der etwas augenscheinlich lebt, was zwar auch in mir ist, was ich bei mir aber vernachlässigt habe. Indem ich es beim andern bewundere, hoffe ich, daran Anteil zu bekommen. Die Aufgabe wäre, die Projektion irgendwann einmal zurückzunehmen und das, was mich am andern fasziniert, in mir selbst zu verwirklichen. Dann entsteht aus Verliebtsein Liebe. Im Verliebtsein bin ich abhängig vom andern. In der Liebe lasse ich ihn frei. Viele versäumen den Absprung vom Verliebtsein in die Liebe. Wenn das Verliebtsein aufhört, zerbricht auch die Beziehung. Sie verweigern die Aufgabe, die Projektion loszulassen und in sich selbst die Saiten zum Klingen zu bringen, die sie beim andern bewundert haben.

Häufig ist es so, daß ein Mann, der sich seiner Vergangenheit nicht bewußt ist, diese mit seiner Frau wiederholt. Da sucht sich ein Mann, der sich seine Mutterbindung nicht eingesteht, unbewußt eine Frau, die zum Mutterersatz wird. Oder eine

Frau, die ihren Vater verloren hat und sich immer nach einem Vater gesehnt hat, sucht sich im Mann einen Vaterersatz. Es ist ein Grundgesetz der Psychologie, daß wir die Verletzungen, die wir nicht angeschaut und aufgearbeitet haben, wiederholen. Wir suchen uns eine Mutter, die uns genauso verletzt, wie die eigene es getan hat. Oder wir suchen einen Vater, der uns ebenso wenig ernst nimmt, wie wir es am eigenen erlebt haben. Wir können diesem Grundgesetz kaum entgehen. Es ist auch nicht schlimm. Denn darin könnte die Chance liegen, die Verletzung der Kindheit in der Beziehung zum Ehepartner, der diese Verletzung wiederholt, auf andere Weise anzugehen als damals in der Kindheit. Wir könnten daran reifen. Doch viele bleiben in der Wiederholung stecken. Sie durchschauen nicht, daß da die Kindheitsmuster immer wieder ablaufen. Sie schieben alle Schuld auf den andern, anstatt sich auf einen gemeinsamen Entwicklungsweg einzulassen.

Es gibt viele andere Gründe, warum Menschen zueinander finden. Da ist eine Frau, die wenig Selbstwertgefühl hat. Sie sucht sich unbewußt einen starken Mann. Sie ist fasziniert von seiner Stärke und Sicherheit. Das gibt ihr Halt. Erst viel später sieht sie, daß die vermeintliche Sicherheit ihres Mannes nur die Kehrseite seiner großen Unsicherheit ist, seiner Unfähigkeit, Gefühle zu zeigen und eigene Schwächen zuzugeben. Anfangs lebt sie von seiner Sicherheit. Doch nach und nach fühlt sie sich gegängelt und möchte aus dem Gefängnis ausbrechen, in das sie sich freiwillig, aber unbewußt begeben hat.

Ein Mann, der nie Geborgenheit erfahren hat, findet sie bei seiner Freundin. Doch wenn er in dieser Rolle verharrt, wird es der Freundin irgendwann einmal zuviel. Sie kann nicht immer nur geben. Sie möchte auch nehmen. Und auch dem Mann wird es auf Dauer nicht genügen, bei seiner Frau nur die mütterliche

Qualität von Heimat und Geborgenheit zu erfahren. Er möchte sie auch als gleichwertige Partnerin, die ihn herausfordert.

Ein Mann findet eine Frau, die ihn bewundert. Das schmeichelt ihm. Er möchte sich diese Bewunderung ein Leben lang erhalten. Aber schon nach einigen Jahren merkt er, daß seine Frau ihn auch kritisiert, daß sie auch seine schwachen Seiten bemerkt. Jetzt ist er enttäuscht. Er hat doch eine andere Frau geheiratet, eine, die ihn auf den Thron hebt. Da er nicht von seinem Thron herabsteigen will, kommt es zur Krise.

Die Frau ist fasziniert, daß der Mann sie anbetet. Sie ist sich sicher, daß er ihr immer treu bleiben wird. Aber irgendwann wird ihr dieses Angebetetwerden zuviel. Sie hat den Eindruck, daß sie keinen Mann geheiratet hat, sondern ein Kind, das sie bewundert, für das sie aber genauso sorgen muß wie für ihre leiblichen Kinder. Sie spürt, daß sie nicht von der Bewunderung des Mannes leben kann. Sie möchte einen Partner haben, von dem Anstöße kommen, an den sie sich auch einmal anlehnen kann.

Männer oder Frauen mit einem typischen Helfersyndrom geraten an Partner, die in sich schwach sind. Aber sie sind so fasziniert von ihrer eigenen Fähigkeit, dem Partner helfen zu können, daß sie gerade die Schwäche des andern anzieht. Denn die Schwäche des andern macht sie ja stark. Sie fühlen sich als Heiland und Helfer. Es ist letztlich ein archetypisches Bild, mit dem sie sich identifizieren. Und das macht sie blind für die eigene Realität und für die Wirklichkeit des andern. Irgendwann wird ihnen das Helfen leid und sie ärgern sich über die Schwächen des Partners. Oder aber der andere wächst und wird stärker. Und sie fühlen sich verunsichert, weil die alte Rollenverteilung nicht mehr stimmt.

Da ist eine Frau wesentlich stärker als ihr Mann. Anfangs

schmeichelt es ihr, daß sie ihren Mann einführt in das Leben, daß sie ihn herausfordert, daß der Mann sanft ist und alles tut, was sie möchte und wozu sie ihn antreibt. Aber irgendwann wird es ihr zuviel, immer nur die aktive Rolle spielen zu müssen. Es wird ihr zur Last, den lahmen Mann immer anschieben zu müssen. Sie möchte sich auch einmal anlehnen können, sie möchte sich auseinandersetzen können. Aber sie spürt, daß sich ihr Mann immer kleiner macht, daß er sich ständig nur entschuldigt, aber nicht wirklich mit ihr kämpft. Das macht sie wütend.

Manchmal benutzt ein Partner unbewußt den andern. Da braucht die junge Frau ihren Freund dazu, daß sie endlich aus der unerträglichen Familiensituation aussteigen und ihr eigenes Leben leben kann. Oder der Mann benutzt die Frau, um von daheim ausbrechen zu können oder um sich und den Kameraden zu beweisen, daß er ein ganzer Mann ist. Seine Frau ist dafür da, damit er vor andern etwas gilt. Erst später merkt er, daß er seine Frau gar nicht persönlich gemeint hat. Oder eine Frau benutzt den Mann dazu, daß er ihr hilft, erwachsen zu werden. Sie hat die Hoffnung, durch die Beziehung erwachsen zu werden oder von ihren Minderwertigkeitsgefühlen frei zu werden. Es ist nicht die wirkliche Liebe zum andern, die sie zur Heirat führt, sondern der unbewußte Wunsch, durch den andern die eigenen Probleme lösen zu können. Auf ähnliche Weise nutzt der Mann seine Frau aus, wenn er sich davon verspricht, durch sie mit seinen Gefühlen in Berührung zu kommen, durch sie von seinen Depressionen loszukommen. Irgendwann wachen dann solche Partner auf und merken voller Schrecken, daß sie nie den andern in seiner Einmaligkeit gemeint haben, sondern ihn für die eigenen Zwecke benutzt haben.

2. Die Krise

Die meisten Ehekrisen werden ausgelöst, wenn ein Partner entdeckt, daß in der Beziehung etwas nicht stimmt, daß man sich auf ein ganz bestimmtes Rollenverhalten eingespielt hat, das so nicht mehr weiter gehen kann. Denn es wäre tödlich für beide, wenn sie so weitermachen würden wie bisher. Es würde ihnen alle Kraft rauben. Sie würden immer mehr erstarren und sich gegenseitig in eine Sackgasse treiben. Manchmal wird die Krise durch die Erkenntnis des Partners ausgelöst, daß er in seinem Verliebtsein blind war für die Realität des andern. Häufig wird dann der Vorwurf laut: „Du bist eine andere, als ich geheiratet habe." Ein anderer Grund für die Krise ist, daß beide nicht mehr die gleiche Liebe spüren wie am Anfang. Sie wissen nicht, woher das kommt. Es waren keine großen Konflikte da. Aber man hat das Gefühl, als ob die Liebe einem zwischen den Fingern zerronnen sei. Der Alltag hat einen im Griff. Vieles ist zur Routine geworden. Die Sexualität hat das Faszinierende verloren. Jeder kennt den Leib des andern zur Genüge. Es gibt keine Überraschungen und Entdeckungen mehr. Weil die Liebe nicht mehr fließt, wird auch die Sexualität fade und alltäglich. Die täglichen Konflikte reiben beide auf. Da die Konflikte oft nicht wirklich bereinigt werden, bleibt ein Rest von Ärger und Verletzung in jedem stecken. Und irgendwann wird dieser unaufgelöste Rest so stark, daß man den andern nicht mehr lieben kann. Beide reagieren nur noch aggressiv. Sie fühlen sich verletzt und nicht mehr geliebt. Oder sie entdecken erschrocken, daß sie genauso gut ohne den andern leben könnten, daß sie sich nicht mehr nach ihm sehnen. Sie haben sich zwar aneinander gewöhnt, aber es fließt keine Liebe mehr zwischen beiden.

Ein anderer Grund zur Krise liegt darin, daß sich ein Partner in einen andern verliebt. Da verliebt sich ein Mann in seine Sekretärin, die ihn bewundert und bemuttert. Endlich findet er wieder die Frau als Bewunderin, die er bei seiner Hochzeit auch unbewußt gesucht hat. Er möchte sich nicht auf den Prozeß der Verwandlung einlassen und sucht sich daher immer wieder von neuem eine Frau, die zu ihm aufschaut. Auf diese Weise kann er der alte bleiben, ohne sich ändern zu müssen. Oder aber ein Mann verliebt sich in eine Frau, die das Gegenteil von dem verkörpert, was seine Gattin darstellt. Sie ist weiblicher, nur Gefühl. Sie ist kreativ. Sie hat eine starke Ausstrahlung. Davon ist er fasziniert. Sie ist 20 Jahre jünger als seine Frau. So erhofft er sich von ihr, selbst jung zu bleiben. Er will sein Alter nicht wahrhaben und flüchtet sich in die Beziehung, um sich und seiner Freundin seine ewige Jugend zu beweisen. Eine Frau verliebt sich in einen Mann, der zärtlicher ist als der Ehemann, der Gefühle zeigen kann und sich nicht hinter einem Panzer von Gefühllosigkeit versteckt. Er geht nicht im Beruf auf, sondern hat Zeit für sie. Er hat nicht auf alle ihre Probleme eine Standardantwort, sondern hört ihr zu, nimmt sie ernst, versteht sie. Man sucht immer, was man am eigenen Partner vermißt. Es ist ganz natürlich, daß sich ein Mann nicht nur von seiner eigenen Frau angezogen fühlt und daß eine Frau sich in einen anderen Mann verliebt. Denn keiner kann alle Sehnsüchte des andern erfüllen. Und gerade wenn man sich in der Ehe aneinander gewöhnt hat, spürt man, wie relativ jede Beziehung ist. Aber die Frage ist, wie ich mit meinem Verliebtsein umgehe. Es muß ja noch lange nicht der Grund sein, mich von meinem Ehepartner zu trennen. Ich könnte das, was mich an einer Frau oder einem Mann fasziniert, in mein eigenes Leben integrieren.

Es gibt Ehekrisen, die schon in den ersten Ehejahren auftauchen. Wenn die Faszination weg ist, spüren viele erst, was sie wirklich im Tiefsten verbindet. Aber sie merken eben auch, wieviele Seiten sie beim andern übersehen haben. Sie haben die Zweifel am andern verdrängt, die schon während der Verlobungszeit auftauchten. Die Frau hat zwar gesehen, daß ihr Freund öfter trinkt. Aber sie hatte die Hoffnung, daß er davon loskomme, sobald sie verheiratet seien. Sie hat seine neurotischen Symptome erkannt. Aber sie war so von der Kraft ihrer Liebe überzeugt, daß sie meinte, sie könne den Freund gesund lieben. Doch jetzt spürt sie, daß das eine Illusion war. Der Freund hat sich nicht geändert. Die Frage ist, ob das Paar den Mut hat, sich der eigenen Wirklichkeit zu stellen, und ob es die Liebe aufbringt, aneinander so zu lieben, wie jeder in Wirklichkeit ist.

Viele Krisen entstehen auch in der Lebensmitte, wenn der Partner auf einmal mit den Seiten in Berührung kommt, die er bisher verdrängt hat. Es ist ganz normal, daß jeder in der ersten Lebenshälfte nur einen Pol ausprägt. Der andere Pol wird in den Schatten verdrängt. In der Lebensmitte drängt sich dieser verdrängte Pol an die Oberfläche. Da will die Frau nicht mehr nur ihre weibliche Seite leben, sondern auch ihre männliche. Sie übernimmt Verantwortung. Sie stellt sich den Konflikten. Sie kann kämpfen. Und der Mann läßt auf einmal seine Gefühle zu. Er funktioniert nicht mehr so wie früher. Er hat nun andere Bedürfnisse. Jeder verwandelt sich. Aber häufig macht man dann dem andern den Vorwurf, daß er anders geworden ist, daß er schuld ist an der Ehekrise. Man selber sei sich treu geblieben. Häufig tritt die Krise der Lebensmitte phasenverschoben ein. Die Frau stellt sich früher dieser Krise. Der Mann versucht, die eigene Verunsicherung zu überspielen, indem er sich verstärkt auf den Beruf konzentriert. Dort kennt er sich aus. Über seine Gefühle zu sprechen, macht ihm eher Angst. Er entwertet die Krise der Frau, indem er sie hysterisch nennt. Sie würde viel zu viel um sich selbst kreisen. Sie würde sich die Probleme nur einreden. Er habe überhaupt keine Probleme. Man müsse nur wollen, dann gehe alles. Die Frau läßt sich vom Mann verletzen. Denn der Mann weiß genau, wo ihre empfindliche Stelle ist. Sie hat ihm ja ihre Schwächen geoffenbart. Jetzt benutzt er sie gegen sie. Das kränkt sie. Oder aber sie hat das Gefühl, daß ihr Mann sich hinter einer Mauer verschanzt. Sie möchte ihm beweisen, daß er nur verdrängt. Sie möchte die Mauer durchbrechen, die er um sich aufbaut. Aber je mehr sie dagegen anrennt, desto stärker baut der Mann seine Mauer aus. Und sie schlägt sich den Kopf blutig dabei.

Es gibt aber auch Frauen und Männer, die erst zwischen 50 und 60 Jahren in eine ernsthafte Ehekrise kommen. Auf einmal spürt die Frau, daß sie mit diesem Mann kaputt geht, daß sie sich ständig entwertet fühlt, daß ihr Leib gegen diese Ehe rebelliert. Sie wird immer kränker. Sie entdeckt, daß der Mann eine Freundin hat. Und sie kann es nicht länger aushalten, nur als Putzfrau für ihren Mann da zu sein. Sie fühlt sich mißbraucht. Sie versucht, mit ihrem Mann zu reden. Aber es geht nicht. Er wehrt ab. Er schiebt ihr alle Schuld zu. Er sei zufrieden. Die Probleme lägen allein bei der Frau. Manche Frauen, die dachten, sie würden in einer guten Ehe leben, stellen eines Tages betroffen fest, daß ihr Mann sie einfach verläßt. Er mag nicht mehr. Er hat eine andere Frau gefunden, die seinen Vorstellungen eher entspricht. Sie möchte die Ehe weiterführen. Aber der Mann stellt sie vor vollendete Tatsachen. Oder die Frau spürt nach dem Tod ihrer Mutter, daß sie eigentlich nur deshalb in der Ehe geblieben ist, um ihrer Mutter zu beweisen, daß sie sich damals richtig entschieden hat und daß ihr Leben gelingt. Jetzt entdeckt sie, daß ihr Mann nie ein Partner war, sondern letztlich ein Kind, das sich von ihrer Stärke genährt hat. Der Mann würde sie nie verlassen, aber er klammert sich wie ein Kind an sie. Und das kann sie nicht mehr ertragen. Wenn sie sich vorstellt, noch länger bei ihm zu bleiben, bekommt sie Angst, sie würde völlig eingehen, verhungern und verdursten.

3. Das Ringen in der Krise

Viele Eheleute möchten nicht vorschnell ihre Ehe verlassen. Wenn sie in die Krise geraten, versuchen sie, sich der Krise zu stellen. Sie gehen in die Eheberatung, sprechen mit Freunden darüber, versuchen immer wieder einen Neuanfang. Sie fühlen sich durch ihr Jawort gebunden. Gerade religiös geprägte Menschen wissen sich vor Gott dafür verantwortlich, bei ihrem Ehepartner zu bleiben. Sie haben es vor Gott versprochen, in guten und in bösen Tagen einander treu zu bleiben. So überlegen sie immer wieder, ob es nicht doch geht, zusammen zu bleiben. Es muß ja nicht die große Liebe sein. Es genügt ja schon, fair miteinander umzugehen. Und es darf auch sein, daß man eine Zeitlang nebeneinander lebt, anstatt alles miteinander zu teilen. Sie möchten das Ausmaß ihrer Krise nicht eingestehen und versuchen daher, kleine Verbesserungen zu erreichen. Der Mann sollte pünktlicher heimkommen, dann würde es schon gehen. Oder er sollte weniger trinken, dann hätte man noch Hoffnung. Man möchte sich nicht eingestehen, daß die Krise zum Scheitern führt. Vielmehr glaubt man, die Krise sei da, um überwunden zu werden. Ein wichtiger Grund, zusammen zu bleiben, sind die Kinder. Man möchte den Kindern doch noch eine heile Welt bieten, in der sie sich daheim fühlen. Man spürt die Verantwortung für die Kinder. Sie würden sonst innerlich zerrissen zwischen Vater und Mutter.

Ich verbiete mir jedes Urteil, wenn Ehepartner auseinander gehen. Sicher gibt es Männer und Frauen, die sich zu schnell trennen, weil sie nicht bereit sind, sich den Konflikten zu stellen, weil sie sich nicht auf einen Verwandlungsprozeß einlassen wollen. Sie wollen lieber die Alten bleiben, ohne durch den engen Weg ehrlicher Selbstbegegnung und Selbsterkenntnis hindurchzugehen. Aber es gibt eben auch viele Eheleute, die vor einer zerbrochenen Ehe stehen und darin auch beim besten Willen nicht mehr leben können. Anstatt moralisch zu urteilen, muß ich als Außenstehender einfach akzeptieren, was geschehen ist. Ich kann keine Schuld zuweisen. Meistens fühlen sich die Geschiedenen selber schuldig. Gerade die Schuldgefühle hindern viele daran, sich das Scheitern einzugestehen. Sie überlegen lange hin und her, ob sie es sich nicht zu einfach machen, ob sie nicht schuldig würden an ihrem Eheversprechen, ob sie doch zu egoistisch seien. Die Schuldgefühle quälen viele Ehepartner und hindern sie daran, sich das Scheitern der Ehe einzugestehen. Und auch wenn sie sich dann getrennt haben, tauchen in ihnen immer wieder Schuldgefühle auf. Sie hätten es doch noch einmal versuchen sollen. Vielleicht wäre die Ehe noch zu retten gewesen.

Eine Frau meint, daß sie in einer guten Ehe lebt. Da überreicht ihr die Sekretärin ihres Mannes, der eine hohe Beamtenstellung inne hat, einen Brief, daß er ab sofort die Ehe beende, daß er kein Gespräch wünsche und daß es sinnlos sei, nachzufragen. Die Frau steht ohnmächtig vor Wut und Schmerz da. Sie hat gar keine Chance, um ihren Mann zu kämpfen. Denn sie kann ihn nicht erreichen. Wenn sie ihn anrufen möchte, wird sie von der Sekretärin nicht mit ihrem Mann verbunden. Sie kennt nicht einmal seine neue Wohnungsadresse. Ihre Briefe kommen ungeöffnet zurück. Sie möchte die Ehe weiter führen, aber sie kann es nicht, weil ihr Mann sich jeder Auseinandersetzung entzieht. Nach der Wut über die Feigheit des Mannes, der jedes Gespräch verweigert, von dem sie nicht einmal Abschied nehmen kann, tauchen Schuldgefühle auf. Was habe ich denn verkehrt gemacht? Wo habe ich die Bedürfnisse meines Mannes übersehen? Ich möchte mich ja so gerne ändern, wenn ich wüßte, was ich anders machen sollte? Wo habe ich meinen Mann verletzt? Ich würde es so gerne wieder gut machen. Aber ich kann es gar nicht. Ich kann nichts mehr tun. Ich bin allein mit meinem Schmerz, mit meiner Schuld, mit meiner Wut, mit meiner Trauer.

Viele Eheleute, die an ihrer Krise leiden, versuchen, sich ehrlich ihren Konflikten zu stellen. Sie sprechen mit befreundeten Ehepaaren darüber. Sie reden über ihre Verletzungen, aber auch über ihre Liebe zueinander. Sie möchten einen Neuanfang ausprobieren. Sie versuchen, mehr miteinander zu kommunizieren, sich gegenseitig die Verletzungen zu sagen. Aber schon nach einigen Wochen spüren sie, daß es einfach nicht geht. Sie reden trotz aller Gesprächsregeln, auf die sie sich geeinigt haben, aneinander vorbei. Oder sie haben sich nichts mehr zu sagen. Sie spüren keine Liebe mehr. Sie spüren im Gespräch, wie fremd ihnen der andere geworden ist. Sie können sich nicht mehr vorstellen, mit ihm zu leben. Sie haben gar nichts gegen ihn. Aber sie spüren, daß sie sich selbst aufgeben würden, wenn sie noch weiter in dieser Ehe bleiben würden. Wenn sie sich vorstellen, daß sie nochmals allen guten Willen zusammen nehmen und beim andern bleiben möchten, zieht sich ihr Herz zusammen, steigt in ihnen ein Gefühl von Leere, Angst, Verzweiflung hoch. Ihr Leib und ihr Gefühl signalisieren ihnen, daß es einfach keinen gemeinsamen Weg mehr gibt. Sie bekommen keine Luft mehr. Sie werden ihre Erkältung nicht los. Sie kränkeln vor sich hin und finden keine äußere Ursache. Sie ahnen, daß ihre Krankheit mit der Ehe zu tun hat. So leid es ihnen tut, sie spüren, daß sie den Weg der Trennung gehen müssen.

4. Das Finden einer neuen Spur

Der Weg der Trennung ist für manche eine Befreiung. Sie fühlen sich endlich frei. Sie können selber über ihre Zeit bestimmen. Sie fühlen sich nicht mehr gegängelt. Sie können ihre Fähigkeiten und Interessen leben. Sie finden neue Freunde. Sie entdecken in sich ungeahnte Kräfte, Lust, etwas Neues anzupacken. Sie fühlen sich gesünder als je zuvor. Aber neben diesem Gefühl der Freiheit liegt oft unmittelbar eine tiefe Trauer, daß sie doch gescheitert sind, daß 10 oder 20 oder 30 gemeinsame Jahre nun für immer vorbei sind. Sie erinnern sich an die schönen Zeiten, an das Verliebtsein, an die gemeinsamen Träume, an die Kinder, um die sie gemeinsam geweint haben, wenn diese so anders geworden sind, als sie es sich erhofft hatten. Dann machen sie sich Vorwürfe, daß sie zu schnell aufgegeben hätten. Wäre es bei gutem Willen nicht doch noch weitergegangen? Habe ich alle Möglichkeiten ausgeschöpft, um diese Ehe zu retten? Manche können nach der Trennung gar nicht verstehen, daß sie diesen Schritt gemacht haben. Die

Kinder machen ihnen Vorwürfe. Jetzt stehen sie vor den Kindern nicht mehr als die treusorgende Mutter oder der verläßliche Vater da. Die Kinder sind tief enttäuscht. Das nagt am eigenen Selbstwertgefühl. Habe ich nun alles falsch gemacht? Habe ich alles zerstört? Ist mir alles zerbrochen? Sie fühlen sich allein mit ihren Schuldgefühlen. Sie haben den Eindruck, daß die andern mit Fingern auf sie zeigen, daß diese über sie reden. Aus manchen Bemerkungen von Bekannten spüren sie, daß sie ihren Schritt mißbilligen. Das verstärkt noch ihre Schuldgefühle.

Zerrissenheit

Hin und her gezerrt zwischen:

Vergangenheit und Zukunft

Angst und Vertrauen

Verzweiflung und Hoffnung

Tod und Leben

Starre und Kreativität

Müdigkeit und Energie

Verurteilung und Freispruch

geknebelt sein und Worte suchend

gekrümmt und aufgerichtet

Wut und Tränen

Distanz und Nähe

Abwehr und Sehnsucht.

Neben der Trauer über den Verlust des Partners taucht aber oft genug auch eine tiefe Wut auf. Da kommen einem Gespräche in den Sinn, in denen der andere mich unfair verletzt hat, in denen er bewußt in meiner Wunde gewühlt hat, um mich klein zu machen. Da merke ich erst, wie gemein und erniedrigend manche Verhaltensweisen des Partners waren. Wie konnte ich mir das gefallen lassen? Wie tief war meine Selbstachtung gesunken, daß ich das so lange ausgehalten habe? Das ganze Ausmaß der Verletzungen und Kränkungen wird mir bewußt. Die lange unterdrückte Wut bricht auf einmal ungeschützt durch. Die Trauer und die Wut müssen erst bearbeitet werden. Sonst kann ich auf meinem Lebensweg nicht weitergehen.

Manche trauen sich nach einer Trennung kaum in die Öffentlichkeit. Sie haben Angst, von andern angesprochen zu werden. Sie wissen nicht, wie die alten Freunde zu ihnen stehen. Sie fühlen sich ausgegrenzt, abgelehnt. Sie haben Angst, daß die alten Freunde zu ihrem Partner halten und ihnen alle Schuld zuschieben. Da ist eine Frau, die sich immer in der Pfarrei engagiert hat. Ihre Ehe galt als mustergültig. Jetzt, da sie sich von ihrem Mann getrennt hat, fühlt sie sich vor allem von den Moralisten abgestempelt. Wenn sie in die Kirche geht, wird sie genau beobachtet, ob sie zur Kommunion geht. Man flüstert über sie, daß sie doch immer so fromm getan habe und jetzt dieser Ehebruch oder diese Trennung. Es sei doch alles nur Schein gewesen. Sicher sei sie eine unmögliche Frau, bei der es der so sympathische Mann nicht ausgehalten habe. Oder wenn der Mann nach der Trennung in die Kirche geht, werden hinter vorgehaltener Hand allerlei Gerüchte über ihn ausgestreut. Er sei schon immer fremd gegangen. Er habe zwei Gesichter usw. So fühlen sich die Geschiedenen nirgendwo daheim. Sie bräuchten Menschen, die mit ihnen gehen, sie bräuchten eine Gemeinschaft, in der sie sich verstanden und geborgen fühlen. Aber gerade das finden sie nicht. Sie werden gemieden. Viele trauen sich nicht, sie anzusprechen, wie es ihnen denn gehe. Und wenn sie danach fragen, klingt oft ein moralisierender Unterton mit. Man möchte nur erfahren, daß es ihnen schlecht gehe, damit man in seiner Selbstgerechtigkeit bestätigt wird. Selbst wenn die Zuwendung ehrlich gemeint ist, wittern die Geschiedenen oft die Ablehnung ihres Schrittes. Da sie sich mit ihrem Schritt selbst noch nicht versöhnt haben, hören sie aus den Worten der andern die Mißbilligung heraus. Aber sie legen letztlich ihre eigene Selbstverurteilung den andern in den Mund.

Erst wenn die Trauer und die Wut verarbeitet sind, wird der Geschiedene frei, seine eigenen Spuren zu finden. Das ist oft gar nicht so einfach. Denn zur seelischen Not kommt die finanzielle Not. Das Geld reicht nicht mehr. Man trauert der schönen gemeinsamen Wohnung nach. Jetzt hat man nur zwei kleine Zimmer. Wenn die Kinder zu Besuch kommen, ist es viel zu eng. Wenn die Kinder noch klein sind, hat die alleinerziehende Mutter keine freie Minute mehr. Jetzt ist sie rund um die Uhr angebunden. Sie kann ihre Freundin nicht besuchen, sie kann keinen Kurs mitmachen. Immer muß sie für die Kinder da sein. Der Mann nimmt nur unregelmäßig die Kinder. Sie sind ihm lästig. Oder aber er pocht auf sein Recht, nimmt sie mit sich, verwöhnt sie und wiegelt sie gegen die Mutter auf. So werden die Schwierigkeiten mit den Kindern immer größer. Die Mutter fühlt sich ohnmächtig, die Kinder allein zu erziehen. Gerade die Jungen bräuchten einen Vater, an dem sie sich reiben, der ihnen aber auch den Rücken stärken könnte. Sie muß nun Vater und Mutter zugleich sein.

Damit fühlt sie sich überfordert, zumal sie noch gar nicht mit der Situation der Trennung zurecht kommt. Die eigene Unsicherheit, die Selbstzweifel, ob sie alles richtig gemacht hat, fließen in ihre Beziehung zu den Kindern ein und erschweren die Erziehung. Dazu kommt, daß sie als Alleinerziehende vormittags keine Arbeit findet. Sie möchte heraus aus dem engen Familienkreis. Es täte ihr gut, in der Arbeit unter den Menschen zu sein, anerkannt zu werden, etwas leisten zu können, was sie vorweisen kann. Aber es ist aussichtslos, am Vormittag Arbeit zu bekommen. Nachmittags muß sie für die Kinder da sein. In dieser Situation ist es oft schwierig, eine neue Spur zu finden. Aber die Frau weiß auch, daß es kein Zurück mehr gibt.

Ich erlebe zwei verschiedene Weisen, eine neue Spur für sich zu finden. Die einen bleiben alleine, genießen das Alleinsein. Sie tun nun das, was sie sich jahrelang verboten haben, aus Rücksicht auf den Mann und auf die Familie. Jetzt kommen kreative Fähigkeiten hoch. Sie machen eine Ausbildung und arbeiten in dem Beruf, den sie sich immer ersehnt hatten. Sie bauen sich einen Freundeskreis auf. Ihre spirituelle Sehnsucht wird wieder wach. Sie nehmen am Leben der Kirche teil, besuchen spirituelle Kurse. Sie haben den Eindruck, daß sie jetzt erst zu leben beginnen. Sie spüren durchaus auch ihre Einsamkeit. Manchmal können sie sie genießen. Sie freuen sich, den Abend so zu gestalten, wie es ihnen gut tut. Aber manchmal leiden sie auch an ihrer Einsamkeit. Die Decke fällt ihnen auf den Kopf. Sie kommen neu mit ihrer Sexualität in Berührung. Eine Frau erzählte, daß in der Ehe die Sexualität in der letzten Zeit gar keine große Rolle mehr gespielt habe. Aber jetzt wo sie allein lebt, bricht die Sexualität mit einer nie gekannten Wucht auf. Sie sehnt sich nach einem Mann, sie sehnt sich danach, sich sexuell hingeben zu können. Sie befriedigt sich selbst, ist damit aber auch nicht zufrieden. Aber sie entdeckt auch neu das Geheimnis ihres Frauseins. Sie möchte die Sexualität nicht mehr so eng sehen, wie es die Männermoral der Kirche tut. Sie spürt ihre Leidenschaftlichkeit, sie entdeckt sich selbst neu in ihrem Frausein. Und sie möchte ihre eigene Weise finden, wie sie ihre Sexualität leben kann. Sie verwirklicht ihr Frausein, so wie sie es von innen heraus spürt, und erlebt vieles in sich, was sie in der Ehe nicht leben konnte.

Ein anderer Weg, die eigene Spur zu finden, besteht darin, eine neue Beziehung einzugehen. Normalerweise braucht es erst einmal Zeit, um von der alten Ehe Abschied zu nehmen. Man muß erst lernen, für sich allein zu leben, bevor man zu einer neuen Partnerschaft fähig ist. Bei vielen kirchlich gesinnten Menschen wird eine neue Partnerschaft erschwert durch die kirchenrechtlichen Vorschriften, daß Wiederverheiratete nicht zu den Sakramenten gehen dürfen. Aber durch den Hirtenbrief der oberrheinischen Bischöfe ist hier eine neue Entwicklung angestoßen worden. Da ein gemeinsamer Hirtenbrief immer auch Ausdruck des Lehramtes ist, kann er auch durch römische Erlasse nicht mehr rückgängig gemacht werden. Denn dadurch würde Rom gegen das Konzil verstoßen, das ausdrücklich den Bischofskonferenzen lehramtliche Kompetenz zugesprochen hat. Natürlich gibt es Formen einer neuen Partnerschaft, die gegen das Gebot Jesu verstoßen. Aber wenn die alte Ehe gescheitert ist und durch keine noch so große Anstrengung wieder belebt werden kann, wenn der Trauerprozeß durchgestanden und Umkehrarbeit geleistet worden ist, dann kann man nicht allein vom Kirchenrecht her das Schicksal eines Menschen beschränken. Wenn es für jede Schuld Vergebung gibt, dann wohl auch für die Schuld, die beim Scheitern einer Ehe immer auch vorhanden ist. Die orthodoxe Kirche kennt daher die Wiederverheiratung, allerdings mit vorhergehendem Bußritus, in der die Schuld bewußt eingestanden und Gott hingehalten wird. Aber die Vergebung ermöglicht dann auch einen neuen Weg. Rom widerspricht mit seiner rigorosen Handhabung des Eherechtes auch der Botschaft der Bibel. Jesus verkündet zwar die Unauflöslichkeit der Ehe. Sie ist der Wille Gottes. Sie ist Schutz für die Würde des Menschen, vor allem der Frau. So ist es bei Markus formuliert. Matthäus macht aus dem Willen Gottes für die Menschen ein Gesetz. Wenn der absolute Wille Gottes in ein menschliches Gesetz gekleidet wird, dann braucht das Gesetz auch eine Ausnahme. Es gibt in der menschlichen Gesetzgebung keine Regel ohne Ausnahme. Matthäus hat die Ausnahme in der sog. Unzuchtsklausel angedeutet. (Vgl. Mt 19,9) Die Exegeten sind sich nicht einig, wie diese Stelle im Matthäusevangelium zu deuten ist. Fest steht, daß Matthäus die Ehe und die Möglichkeit der Scheidung allein vom Mann her sieht. Es ist also nicht die heutige Sicht der Ehe im Blick. Der Mann kann seine Frau entlassen, wenn sie Ehebruch begangen hat. Man kann diese Stelle nur im Gesamt der Predigt Jesu richtig verstehen, etwa wenn man sie zusammen nimmt mit der Stelle von der Ehebrecherin in Joh 7,53-8,11. Die katholische Kirche hat diese Worte in ein starres Gesetz gekleidet, ohne die Anpassung an die jeweilige soziale Situation zu vollziehen.

Es gibt durchaus viele Zweitehen, die Bestand haben. Die Ehepartner haben aus der ersten Ehe gelernt und gehen nun achtsamer und behutsamer miteinander um. Oft sind sie Stützen für die Kirchengemeinde. Es wäre schade, wenn die Pfarrei auf die Mitarbeit dieser Menschen verzichten würde, indem sie ihnen die volle sakramentale Gemeinschaft verweigert. Natürlich gibt es auch hier Menschen, die die Fehler der ersten Ehe wiederholen. Sie haben sich auf keinen Umkehrprozeß eingelassen. Sie haben nichts hinzugelernt, sondern sie wiederholen die Verletzungen von früher, weil sie sich diesen nicht gestellt haben. Wenn Menschen aber die eigenen Verletzungen bearbeitet haben, werden sie oft gute Eheleute und gründen eine dauerhafte Familie, in der sich die Kinder wohl fühlen. Sie haben eine neue Spur im Miteinander gefunden. Das Scheitern der ersten Ehe führt aber nur dann in eine neue Spur, wenn es aufgearbeitet wird, wenn die Gründe für das Scheitern erkannt werden und wenn der Gescheiterte bereit ist, aus der Erfahrung heraus zu lernen und sein Verhalten und seine Einstellung zu überprüfen und zu verändern. Dann kann das Scheitern fruchtbar werden. Aus dem abgehauenen Baumstumpf wird ein Reis hervorsprossen und seine Blüten treiben. (Vgl. Jes 11,1)

Das Scheitern in der Ehe wird nur dann Frucht bringen, wenn man durch das Scheitern hindurch seine eigene Identität findet. Wer bin ich wirklich? Wo habe ich nur eine Rolle gespielt? Wo habe ich mich angepaßt und an mir vorbei gelebt? Wenn mein eigenes Lebensgebäude zerbricht, was bleibt dann übrig? Wo ist der Punkt, an dem ich „Ich" sagen kann? Wenn das Äußere zerbricht, muß ich meine inneren Werte neu entdecken. Dabei werde ich feststellen, daß ich ein Geheimnis bin. Mein tiefstes Wesen besteht darin, daß Gott sich in mir auf einmalige Weise ausdrücken möchte. Ich bin wichtig. Ich definiere mich aber weder von meiner Beziehung her, noch von meiner Leistung aus. Ich bin in mir einmalig. Das Zerbrechen meiner Masken und Rollen bringt mich in Berührung mit meinem wahren Selbst. Wenn ich mit meinem innersten Kern in Kontakt trete, dann relativiert sich alles andere. Es ist dann nicht so entscheidend, ob ich verheiratet bin oder nicht, ob ich Erfolg habe oder nicht, ob ich eine weiße Weste vorweisen kann oder nicht. Entscheidend ist, daß ich authentisch lebe. Nur wer mit sich selbst in Berührung kommt, der wird nach dem Scheitern seine neue Spur finden, die authentische Spur, die er in diese Welt eingraben möchte. Ob er nun allein lebt oder nicht, das ist nicht mehr so wichtig. Er läßt die Fixierung auf die Ehe los. Er kann auch alleine leben. Wenn er eine Partnerin findet, ist es gut. Aber er muß nicht ständig danach Ausschau halten. Nur wer alleine leben kann, kann auch wieder eine Beziehung eingehen. Sonst wird er die neue Beziehung nur dazu benutzen, seiner Einsamkeit aus dem Weg zu gehen. Damit ist aber ein neues Scheitern vorprogrammiert. Wer sein einmaliges Bild entdeckt hat, der hat auch den Weg gefunden, auf dem er zum Leben kommt, der hat seine ureigenste Spur entdeckt, die Spur, die Gott ihm zugedacht hat.

Exkurs
_____ Emotionaler Missbrauch _____

In Gesprächen mit Männern und Frauen, deren Ehe gescheitert ist, hören wir häufig vom Phänomen des emotionalen Mißbrauchs. Viele Ehepartner fühlen sich jahrelang emotional mißbraucht. Ähnlich wie der sexuelle Mißbrauch besteht der emotionale Mißbrauch darin, daß einer die Emotionen des andern benutzt, um über ihn Macht zu bekommen, um von ihm das zu bekommen, was er unbedingt haben will. Der andere wird gebraucht, um die eigenen Bedürfnisse zu befriedigen. Die Folge des emotionalen Mißbrauchs ist Gefühlsverwirrung. Man kennt sich nicht mehr aus. Man ist hin und hergerissen zwischen Angst, dem Gefühl, dem andern aus moralischen oder religiösen Gründen verpflichtet zu sein, und Schuldgefühlen, wenn man die Wünsche des andern abweist. Aber der emotionale Mißbrauch führt zu einer allmählichen Entfremdung dem Partner gegenüber und weckt neben den Schuldgefühlen auch starke Aggressionen, die bis zu Haß und Verachtung gehen können. Wenn man sich nicht angemessen gegen den emotionalen Mißbrauch wehrt, kann er die Partnerschaft so zerrütten, daß ein faires Miteinander nicht mehr möglich ist. Der emotionale Mißbrauch geschieht aber nicht nur in der Partnerschaft, sondern häufig auch in Firmen, etwa zwischen Chef und Angestellten, zwischen Gruppenleiter und Teammitgliedern, zwischen Eltern und Kindern. Überall, wo der emotionale Mißbrauch nicht durchschaut wird, vergiftet und zerstört er die menschlichen Beziehungen.
Die amerikanische Psychologin Susan Forward spricht von emotionaler Erpressung. Sie beschreibt damit ein Phänomen,

das bei uns sicher genauso häufig vorkommt wie in den USA, das aber in der deutschen Literatur noch zu wenig bedacht wird. Daher möchten wir einige Anmerkungen zu diesem Thema machen, obwohl wir selbst lieber von emotionalem Mißbrauch als von emotionaler Erpressung sprechen. Emotionaler Mißbrauch oder emotionale Erpressung besteht darin, daß einer dem andern damit droht, ihn zu bestrafen, wenn er nicht tut, was er von ihm verlangt: „Wenn du dich nicht so verhältst, wie ich es von dir will, wirst du leiden." (Forward 12) Das Opfer des emotionalen Mißbrauchs fühlt sich wie in einem Nebel aus Angst-, Pflicht- und Schuldgefühlen und kennt sich überhaupt nicht mehr aus. Es kann nicht mehr klar denken und ist unfähig, sich rational zu entscheiden. Die emotionalen Erpresser sind ihrerseits oft von Angst besetzt. Sie üben auf ihr Opfer Druck aus, um der eigenen Angst auszuweichen. Die Opfer sind oft an ihrer wunden Stelle erpreßbar. Weil sie sich nicht mit ihrer verletzten Vergangenheit ausgesöhnt haben, bleibt in ihnen eine offene Stelle, in die der Täter immer wieder hineinstoßen kann. Für einige Opfer ist die offene Stelle die Angst, alleingelassen zu werden, in ein dunkles Loch zu fallen oder depressiv zu werden. Für andere besteht die offene Stelle im Schuldgefühl, das der Täter anspricht und vor dem das Opfer so große Angst hat. Es will sich auf keinen Fall schuldig fühlen. Meistens haben traumatische Erfahrungen von Verlassenwerden, Nicht-Angenommenwerden und Verletztwerden einen Menschen für den emotionalen Mißbrauch empfänglich gemacht. Das Fatale ist, daß die einmal zugelassene Erpressung das Opfer ohnmächtig macht, sich gegen künftige Erpressungen zu wehren. Es beginnt ein Teufelskreis von emotionalem Mißbrauch, von Wut, Angst, Schuldgefühlen, von Nachgeben, von Kälte und Erstarrung. Emotionaler Mißbrauch in der Ehe frißt die Seele des Partners auf. Und manchmal bleibt dann nur die Trennung, um sich aus der Umklammerung des andern zu lösen und die Selbstachtung wieder zu gewinnen.

Susan Forward beschreibt sechs tödliche Symptome der Erpressung.

1. Der Erpresser fordert etwas vom Opfer. 2. Das Opfer leistet Widerstand. 3. Der Erpresser erhöht den Druck. 4. Er droht dem Opfer, daß es mit Konsequenzen rechnen muß, wenn es nicht tut, was er will. 5. Das Opfer unterwirft sich, obwohl es sich schlecht dabei fühlt. 6. Beim nächsten Konflikt wird der Erpresser seine Strategie wiederholen. Das Opfer ist gefangen. (Vgl. Forward 26ff) Forward unterscheidet vier verschiedene Weisen von emotionalem Mißbrauch.

Der Bestrafer

Der erste Typ des Erpressers ist der Bestrafer. Wenn die Ehefrau die Absicht äußert, daß sie ihre Freundin besuchen will, dann reagiert ihr Mann mit der Drohung: „Wenn du dort hingehst, dann fahre ich nie wieder mit dir in Urlaub." Oder wenn der Mann für eine Woche mit seinen Freunden in Urlaub fahren will, droht die Frau mit Selbstmord. Die angedrohte Bestrafung steht in keinem Verhältnis zu dem Verhalten, das der Erpresser verhindern möchte. Für das Opfer ist es schwierig, sich aus dieser mißlichen Lage zu befreien. Denn es könnte ja sein, daß der Bestrafer tatsächlich seine Drohung verwirklicht. Wenn das Opfer aber nachgibt, wird es von Wut überschwemmt: „Wut auf den Erpresser, der eine derart bedrückende und beengende Situation schafft, und auf sich selbst, weil man nicht den Mut aufbringt, eine Auseinandersetzung zu riskieren." (Forward 48)

Es gibt auch die passive Bestrafung, wenn der andere sich ins Schweigen zurückzieht und tagelang nicht mehr mit dem Partner spricht. Das kann genauso tödlich sein, vor allem für Menschen, die ein starkes Bedürfnis nach Harmonie und Nähe haben.

Der Selbstbestrafer

Der Selbstbestrafer macht das Opfer für die eigenen Schwierigkeiten verantwortlich: „Wenn du das tust, werde ich krank, dann geht es mir schlecht, dann kann ich nicht schlafen, dann bekomme ich Asthmaanfälle. In einer solchen Atmosphäre kann ich von meiner Krankheit nicht genesen." Die am stärksten wirkende Drohung des Selbstbestrafers ist natürlich die Ankündigung des Selbstmordes. Da das Opfer solche Drohungen nicht einfach übergehen kann, gibt es schließlich doch nach. Doch dann entwickelt sich diese Drohung zu einem dauernden emotionalen Mißbrauch. Man spielt mit der Angst des Partners und fesselt ihn an sich, bis dieser dabei zugrunde geht. Der Selbstbestrafer spürt genau die Ängste und Schuldgefühle des Opfers. Er setzt sie bewußt als Machtmittel ein, um seinen Willen durchzusetzen und sich den andern gefügig zu machen. Denn niemand kann auf Dauer mit starken Ängsten und Schuldgefühlen leben.

Der Leider

Die dritte Art der emotionalen Erpressung geschieht durch den „Leider" (Forward 62ff). Er jammert der Ehepartnerin ständig vor, sie sei daran schuld, daß er sich so einsam fühle, daß er so depressiv sei. Oft laufen solche „Leider" mit einer ständigen Leidensmiene durch die Gegend. Sie werfen dem Partner vor, daß er gar nicht merke, wie schlecht es ihnen gehe, daß sie überhaupt nicht sensibel für ihre Situation seien. „Deprimiert, stumm und oft in Tränen aufgelöst, ziehen sich viele Leidende ohne Mitteilung der Gründe zurück, wenn sie nicht bekommen, was sie wollen. Die Mitteilung ihrer Bedürfnisse erfolgt nach ihren eigenen zeitlichen Vorstellungen oft erst, nachdem sich ihr Opfer stunden- oder sogar wochenlang in Angst und Sorge gewunden hat." (Forward 62) Die Leidensmiene ist ein ständiger Vorwurf an den andern: „Da siehst du mal wieder, was du mir angetan hast." Der Leidende weckt bei seinen Opfern den „Retter- oder Beschützerinstinkt" (66). Dadurch zwingt er das Opfer, sich dauernd um ihn zu kümmern und seine Sorgen vom Gesicht abzulesen.

Der Verführer
Der Verführer setzt den emotionalen Mißbrauch am subtilsten ein. Er verspricht dem Opfer das Blaue vom Himmel. Er fasziniert es durch die Belohnungen, die er ihm in Aussicht stellt. Doch die Belohnungen sind an harte Bedingungen geknüpft. „Manche Verführer handeln mit emotionalen Bestechungsgeldern, mit Luftschlössern voller Liebe, Anerkennung, familiärer Nähe und geheilten Verletzungen. Die Eintrittskarte zu dieser reichen, unbefleckten Phantasie erfordert nur eine einzige Konzession: dem nachzugeben, was der Verführer will." (68)

Alle vier Typen von emotionalen Erpressern tauchen ihre Opfer in einen Nebel von Angst, Pflicht- und Schuldgefühlen. In diesem Nebel blickt man nicht mehr durch. Man wird orientierungslos. Man kann überhaupt nicht mehr klar beurteilen, was da abläuft. Man überlegt, ob der andere nicht doch im Recht ist. Vielleicht meint er es doch gut. Ich darf doch nicht so egoistisch sein. Ich darf doch nicht nur an mein Glück denken. Ich habe mich ja schließlich an diesen Mann oder an diese Frau gebunden. Je näher sich Ehepartner gekommen sind, desto genauer kennen sie ihre gegenseitigen Ängste. Der Erpresser kennt oft aus vertrauten Gesprächen genau die wunden Punkte des andern. Er spürt, was die tiefsten Sehnsüchte und Bedürfnisse des Opfers sind. Sie dienen ihm als Machtmittel, um vom Opfer alles zu erreichen, was er selbst möchte. Weil er selbst bedürftig ist, versteht er es, mit den Bedürfnissen des andern zu spielen.

Das Angstgefühl

Die erste und oft stärkste Waffe des emotionalen Erpressers ist die Angst des Opfers. Er weiß genau, wovor der andere am meisten Angst hat. Ein Opfer hat z.B. aufgrund von Erfahrungen, die es in der Kindheit gemacht hat, Angst vor dem Verlassenwerden, ein anderes Opfer gerät in Panik, wenn es angebrüllt wird. Denn es wird dadurch an den jähzornigen Vater erinnert, vor dem es sich machtlos fühlte.

Wenn der Erpresser die Angst des Partners benutzt, um ihn emotional unter Druck zu setzen, dann ist das emotionaler Mißbrauch.

Der emotionale Erpresser handelt oft unbewußt. Er ist selbst voller Angst und Unsicherheit. Aber anstatt sich diese Gefühle bewußt zu machen, agiert er sie aus, um den andern an sich zu binden. Er benutzt den andern, um der eigenen Wahrheit auszuweichen. Der andere wird zum Sündenbock, der an allem schuld ist. Der Erpresser macht sein Wohlergehen letztlich vom Opfer abhängig. Wenn das Opfer sich nicht so verhält, wie der Erpresser es möchte, dann geht es ihm schlecht. So entsteht ein gegenseitiger Teufelskreis. Das Opfer ist in der

40

Hand des Erpressers. Und der Erpresser bindet sich auf fatale Weise an das Opfer. Weil er seine eigene Bedürftigkeit nicht anschaut, benutzt er das Opfer, um seine Bedürfnisse zu befriedigen. Doch damit treibt er das Opfer entweder in die Selbstaufgabe und irgendwann in Depression und Krankheit, oder aber er bewirkt genau das, was er auf jeden Fall vermeiden möchte: daß das Opfer die Konsequenzen zieht und aus diesem emotionalen Gefängnis ausbricht.

Das Pflichtgefühl
Eine andere Waffe bei der emotionalen Erpressung ist der Appell an das Pflichtgefühl. Gerade bei Christen ist diese Waffe besonders wirksam. Wer ein guter Christ sein will, der kann sich dagegen kaum wehren. Da wirft ein Arzt, der immer wieder sexuelle Affären mit anderen Frauen hat, seiner Frau, die sich von ihm trennen möchte, vor, daß sie doch nicht einfach ihre Pflicht als Frau und Mutter aufkündigen könne. Er beschimpft sie, wie sie überhaupt so etwas denken könne. Sie könne doch die Familie nicht im Stich lassen. Sie dürfe das den Kindern nicht antun. Was wäre das für eine Rabenmutter! Solche Appelle an das Pflichtgefühl setzen die Frau unter Druck. Der Mann hat aber weiterhin seine Affären. Mit seinem Appell an ihre religiösen Pflichten zwingt er die Frau, weiterhin in dieser Ehe zu bleiben, obwohl sie ständig darin verletzt wird und die Beziehung völlig schal geworden ist. Doch irgendwann wird sie dann entweder durch eine Krankheit gezwungen werden, die Konsequenzen zu ziehen und aus der Ehe auszubrechen, oder aber sie kann sich innerlich von diesem emotionalen Mißbrauch distanzieren. Wenn sie sich dagegen wehrt, zwingt sie damit vielleicht den Partner, das alte Spiel zu lassen und auf reifere Weise mit ihr umzugehen.

Doch immer „wenn das Pflichtbewußtsein größer ist als die Selbstachtung, dann finden Erpresser schnell heraus, wie sie dies zu ihrem Vorteil nützen können." (88)

Das Schuldgefühl

Die dritte Waffe des emotionalen Mißbrauchers ist das Schuldgefühl. Der Erpresser vermittelt dem Opfer ständig Schuldgefühle. Das Opfer ist schuld, wenn der Mißbraucher sich schlecht fühlt, wenn er im Beruf Mißerfolg hat, wenn er krank wird. Schuldgefühle sind für jeden so unangenehm, daß jede/r sich am liebsten davon befreien möchte. Und eine Art, sich von den Schuldgefühlen zu lösen, ist es, den Willen des Erpressers zu erfüllen. Doch damit ist der emotionale Mißbraucher nicht zufrieden. Er merkt, daß er sein Opfer durch Schuldzuweisungen völlig in der Hand hat. Und so setzt er dieses Mittel immer von neuem ein. Das Opfer kann die Schuld gar nicht bezahlen, die ihm der Mißbraucher einredet. Es ist schwierig, sich gegen Schuldgefühle zu wehren. Denn keiner von uns ist völlig schuldlos. Wenn jemand uns Schuldgefühle vermittelt, so trifft er uns an unserer Achillesferse, an der wir verwundbar sind. Jeder von uns möchte gerne mit einer weißen Weste herumlaufen. Und der Mißbraucher macht sich diese Sehnsucht nach einer reinen Weste zunutze. Er verheißt uns, daß wir keine Schuldgefühle zu haben brauchen, wenn wir nur seinen Willen erfüllen. Das sei doch gar nicht zuviel verlangt.

Die Pathologisierung des Opfers

Als Mittel der Erpressung beschreibt Forward vor allem die Kunst des Verdrehens und die Pathologisierung des Opfers. Dem Opfer werden alle möglichen Haltungen zugeschrieben, es sei unreif, egozentrisch, prüde, altmodisch usw. Eine junge Frau erzählte mir, daß ihr Freund nach dem Tennisspielen mit anderen Frauen in die gemischte Sauna gehe. Als sie ihm sagte, daß ihr das zu schaffen mache, warf er ihr vor, sie sei prüde. Es sei doch nichts dabei, das würden doch alle machen. Solche Vorwürfe verunsicherten die junge Frau, vielleicht sei sie wirklich sexuell verklemmt, vielleicht hätte sie doch einen Komplex. Gegen eine Pathologisierung kann man sich schlecht wehren. Denn wer ist schon ganz normal und gesund? Gegen den Vorwurf, man sei nicht beziehungsfähig, man habe nur Angst vor Sexualität, man sei frigide, kann man sich kaum verteidigen. Dann würde man sofort zu hören bekommen, wer sich rechtfertige, sei immer im Unrecht, betroffene Hunde würden bellen usw. So wird man völlig verunsichert. Entweder man unterwirft sich den Vorstellungen und Wünschen des Partners, oder aber man zieht sich zurück und bleibt alleine mit den Vorwürfen, nicht normal zu sein. Es braucht Freunde, die einem bestätigen, daß die eigenen Gefühle und Ahnungen stimmen. Nur so kann man die Selbstachtung zurückgewinnen.

Zu den Mitteln, die der emotionale Erpresser anwendet, gehören auch, Verbündete zu werben und den Partner mit anderen zu vergleichen. Manchmal geht der Mann, der mit seiner emotionalen Erpressung bei der Frau nicht durchkommt, zu ihrem Arbeitgeber, um sie in ein negatives Licht zu stellen. Oder er versucht, mit ihren Eltern zu reden und sie dort in ein negatives Licht zu stellen. Oder er vergleicht sie mit anderen Frauen, die angeblich so leben, wie er sich das vorstellt: „Warum kannst du nicht so sein wie.... Diese sieben Worte verdichten sich zu einem emotionalen Schlag, der sich wirkungsvoll mit Selbstzweifeln und der Angst verbindet, nicht genügen zu können." (Forward 119)

Manche, die in ihrer Ehe gescheitert sind, haben jahrelang den emotionalen Mißbrauch mitgemacht. Da sie den Partner liebten und ihn auf keinen Fall verlieren wollten, erfüllten sie seine Wünsche. Sie dachten, wenn sie nachgeben würden, könnten sie ihn mit ihrer Liebe doch allmählich für sich gewinnen oder gar verwandeln. Sie haben in gutem Glauben gehandelt, haben ihr Verhalten sogar oft mit spirituellen Motiven gerechtfertigt: Das sei das Kreuz, das sie zu tragen hätten. Sie dürften nicht immer nur an sich denken, sondern hätten als Christ vor allem für den andern da zu sein. Lange Zeit haben sie das Muster des emotionalen Mißbrauchs nicht durchschaut. Sie haben sich nur unwohl gefühlt. Irgendwann jedoch hat sie der emotionale Mißbrauch so zermürbt, daß sie den Partner nicht mehr verstehen, daß sie in sich Haß und Verachtung wahrnehmen, und daß sie dabei sind, sich selbst zu verlieren. Sie trauen ihrem eigenen Gefühl nicht mehr. Sie sind völlig verunsichert und verwirrt. So sehen sie als einzigen Ausweg die Trennung. Jahrelang haben sie an der Beziehung festgehalten. Aber am Ende tritt genau das ein, was der emotionale Mißbraucher am meisten fürchtet: daß sich der andere trennt, daß er seine eigenen Wege geht, daß er auf sein inneres Gefühl baut und dem Erpresser keine Macht mehr einräumt.

Es gibt nur die beiden Alternativen: entweder den emotionalen Mißbrauch durch Trennung zu beenden oder aber sich gegen ihn zu wehren und ihn durch geeignete Strategien zu durchbrechen. Wenn das Opfer aus der Opferrolle ausbricht, sich die Spielregeln nicht mehr vom Mißbraucher aufdrängen läßt, sondern selbst das Heft in die Hand nimmt, dann kann es sein, daß eine neue Beziehung möglich wird. Denn manchmal war dem Mißbraucher gar nicht bewußt, was er mit dem Opfer trieb. Entscheidend ist allerdings, daß das Opfer nicht einfach die Machtverhältnisse umdreht und nun den Erpresser manipuliert. Wenn das Opfer seine Selbstachtung wiederfindet, muß es auch dem Mißbraucher einen Weg ermöglichen, von seinem Mißbrauch zu lassen, ohne sein Gesicht zu verlieren. Susan Forward empfiehlt da verschiedene Strategien. Als wichtigste erscheint mir, daß das Opfer versucht, den Mißbraucher als Verbündeten für die Problemlösung zu gewinnen. Jeder Machtkampf führt nur zu Gewinnern und Verlierern. Es ist aber wichtig, aus dem Muster des Machtkampfes auszubrechen und gemeinsam nach Lösungen Ausschau zu halten, die die Bedürfnisse und Ängste beider Partner berücksichtigen. Nur in einem solchen Klima kann der Mißbraucher den Mut aufbringen, sich der eigenen Bedürftigkeit zu stellen und die eigene Wahrheit anzuschauen, oft mit professioneller Hilfe. Für beide, Opfer wie Mißbraucher, ist es ein schmerzlicher Prozeß, die alten Rollen abzulegen und sich in aller Demut mit der eigenen Menschlichkeit und Erbärmlichkeit auszusöhnen.

Am Ende des emotionalen Mißbrauchs steht fast immer das Scheitern einer Beziehung. Wenn das Opfer die Selbstachtung wieder gewinnt und zu sich und seinen Gefühlen stehen kann, dann sucht sich der Mißbraucher entweder ein nächstes Opfer oder aber er geht den Weg der Demut: Er steigt hinab in die eigene Angst, in die eigene Not und Verzweiflung. Dann kann auch seine Wunde heilen.

II.
_____ Scheitern im Lebensentwurf _____

Zum Lebensentwurf eines Menschen gehört, daß er sein Leben im Äußeren und Inneren bewältigt, daß er eine Arbeit findet, in der er seine Fähigkeiten verwirklichen kann, und daß er selber sein Leben gestalten kann, so wie es seinen Vorstellungen entspricht. Häufig scheitern Menschen, wenn ihnen die Arbeit genommen wird, die für sie den Lebenssinn darstellte, oder wenn sie durch Krankheit unfähig werden, das Leben so zu leben, wie sie es sich erträumt hatten.

1. Scheitern im Beruf

Heute gibt es immer mehr Menschen, die im Beruf scheitern. Sie haben ihren Traumberuf gewählt, engagieren sich mit ganzem Herzen und aller Kraft darin. Aber dann kommen Umstände von außen oder von innen auf sie zu, die sie zwingen, ihren Beruf aufzugeben. Da gibt es die von außen erzwungene Arbeitslosigkeit. Der Betrieb geht in Konkurs. Man hat sich mit dem Betrieb identifiziert, für ihn Überstunden gemacht. Aber durch Managementfehler ist die Firma auf eine schiefe Bahn geraten. Sie hat die Zeichen der Zeit nicht erkannt und hat im alten Trott weitergearbeitet, zwar mit viel Druck, aber ohne Phantasie. Nun geht es nicht mehr weiter. Für viele geht dabei die ganze Identität verloren. In manchen Gegenden gehörte es zum guten Ton, bei der oder jener Firma zu sein. Wenn die Firma nun zugrunde geht oder ihre Betriebsstätte ins Ausland verlagert, fühlt man sich als ein Nichts. Es ist nicht nur die Trauer über den Verlust des eigenen Arbeitsplatzes, sondern auch eine Infragestellung der sozialen Einbindung in die Firma und in die Umgebung. Wenn man lange genug bei der Firma war, hat man mit ihr gedacht und gelitten. Es war wie eine Großfamilie. Aus der ist man nun herausgefallen. Man hat keine Chance mehr, in seinem Alter noch eine andere Stelle zu finden. So fühlt man sich gescheitert. Die mühsam aufgebaute Absicherung fällt zusammen. Die Tilgungsraten für das neu erbaute Haus können nicht mehr bezahlt, die Ausbildung der Kinder kann nicht mehr finanziert werden. Alles ist fraglich geworden.

Oft genug hat das Scheitern im Beruf auch innere Gründe. Da ist ein Ingenieur, der ein großes Fachwissen hat und gerne und viel arbeitet. Aber er setzt sich mit seiner Arbeit so unter Druck, weil der Chef immer mit Konkurs droht, daß sein Blutdruck stetig steigt. Er spürt, daß es irgendwann nicht mehr so weiter geht. Oder ein anderer Facharbeiter bekommt gesundheitliche Probleme. Der Kreislauf macht Probleme. Ein Schreiner kann nicht mehr weiter arbeiten, weil seine Finger sich krümmen. Jahrelang hat ein Schlosser gut gearbeitet, aber jetzt tritt auf einmal eine Allergie auf und signalisiert dem Körper, daß er dort nicht mehr weiter arbeiten kann. Andere erleiden einen Nervenzusammenbruch und müssen die Arbeit aufgeben. Sie haben sich für andere verausgabt. Sie waren voller Idealismus bei der Arbeit, haben immer neue Ideen entwickelt. Vor allem in sozialen Berufen ist das Phänomen häufig zu beobachten, daß die Menschen, die sich am meisten für andere einsetzen, irgendwann ausgebrannt sind und nicht mehr weiter können. Da brauchen nur Enttäuschungen von außen hinzuzukommen. Die Menschen, für die sie arbeiten, lohnen es ihnen nicht. Im Gegenteil, sie wehren sich gegen sie. Sie werfen ihnen vor, daß sie sie überfordern, daß sie nicht sensibel sind für ihre wahren Bedürfnisse. Da bricht für die engagierten Menschen eine Welt zusammen. Sie haben nie auf die Uhr geschaut, waren immer da für die andern. Und jetzt erfahren sie, daß die andern diese Hilfe gar nicht wollen. Oder sie haben in der Seelsorge Konzepte entwickelt und mit Enthusiasmus verfolgt. Sie hatten auch Erfolg. Aber jetzt auf einmal greift das Konzept nicht mehr. Die Leute machen nicht mehr mit. Da brechen sie zusammen. In diesem Zusammenbruch spüren sie, daß ihr Engagement nicht ganz selbstlos war. Sie haben sich auch gesonnt in ihrem Erfolg, in ihren phantasievollen Strategien. Nun entpuppt sich alles als Schein. Das tut weh. Manche werden dann bitter. Da sie den Ärger über die mangelnde Mitarbeit jahrelang verdrängt haben, werden sie ärgerlich auf alles und jeden.

Die Krankheit, die einen Angestellten aus der beruflichen Laufbahn wirft, hat sich schon lange angebahnt. Aber er hat auf die Warnsignale des Körpers nicht gehört. Er wollte sie nicht wahrhaben, er wollte sich der eigenen Grenze nicht stellen. Wenn er Grippe hatte, ging er trotzdem pflichtbewußt zur Arbeit. Wenn er die Erkältung nicht los wurde, dann hat er umso mehr Tabletten geschluckt. Die Kreislaufbeschwerden hat er nicht beachtet, die ständige Unruhe mit Aktivitäten überspielt. Doch jetzt geht es nicht mehr weiter. Der Körper läßt sich nicht mehr überrumpeln. Er streikt. Er zwingt den Angestellten, nun endlich auf seinen Leib zu hören. Und der Leib sagt, daß diese Arbeit für ihn auf Dauer tödlich wäre. Oder aber er signalisiert ihm, daß er kürzer treten müsse. Die Frage ist, ob er das an diesem Arbeitsplatz kann oder ob er ihn aufgeben muß. Es ist oft ein langes Ringen und Verhandeln mit sich selbst, bis der Entschluß reifen kann, die Konsequenzen aus der Krankheit zu ziehen. Zunächst denkt er, mit einem bißchen guten Willen würde er es schon noch schaffen. Er kommt aus dem Krankenhaus und macht eine Kur. Aber dann geht er wieder mit vollem Schwung an die Arbeit. Erst wenn nach kurzer Zeit der Körper endgültig streikt, traut er sich, ihn ernst zu nehmen und mit der Arbeit aufzuhören. Aber dieser vom Leib aufgezwungene Entschluß schenkt vielen keinen Frieden. Sie fühlen sich gescheitert, aus dem Kreis der Gesunden ausgeschlossen, an den Rand gedrängt.

Ein anderer Grund für das Scheitern ist heute häufig das Mobbing. Da werden gute Mitarbeiter hinausgeekelt, weil sich ein paar Kollegen zusammen tun. Sie sägen am Stuhl des Vorgängers. Sie wollen selbst auf der Karriereleiter weiter kommen. So müssen sie die Rivalen aus dem Feld schlagen. Da geschehen oft tiefe Verletzungen. Sie streuen Verleumdungen aus. Sie verbreiten Gerüchte, daß ein Mitarbeiter psychisch krank sei, daß er eine Therapie mache oder in der Psychiatrie gewesen sei. Perfide sind solche Schmutzkampagnen immer. Manche Männer können sich dagegen noch wehren. Aber wenn Männer solche Mobbingstrategien gegen Frauen einsetzen, ist es der Gipfel der Niederträchtigkeit. Da werden über die Frau, die sie in ihrem Männlichkeitswahn als Vorgesetzte nicht ertragen können, üble Gerüchte ausgestreut, die sie gerade als Frau treffen. Es werden ihr Liebesaffären nachgesagt. Ihr werden Fehler unterstellt, die nie geschehen sind. Aber wenn solche Gerüchte weiter erzählt werden, bleibt immer etwas hängen. Und die Frau kann sich kaum dagegen wehren. Da hat eine alleinstehende Frau ihre ganze Zeit und Liebe für ein Krankenhaus eingesetzt. Aber weil ein Oberarzt neidisch ist, zersetzt er das Klima unter den andern Ärzten so, daß sie keine Chance mehr hat, obwohl sie sich überhaupt nichts vorzuwerfen hat. Und der kirchliche Träger kündigt ihr, weil das Vertrauensverhältnis zerstört sei. Es tut weh, wie hier Schicksale aufs Spiel gesetzt werden, weil der Träger nicht durchblickt. Gerade kirchliche Träger tun sich durch unklare und unfaire Vorgehensweisen hervor. Ihnen ist der makellose Ruf der Einrichtung wichtiger als das Wohl des einzelnen Mitarbeiters. Der Mann oder die Frau, die in die Räder des Mobbing geraten, sind machtlos. Sie haben alles richtig gemacht. Und trotzdem können sie sich nicht wehren. Sie finden im Träger keine Rückendeckung. Sie werden fallen gelassen wie eine heiße Kartoffel. Sie fühlen sich zutiefst verletzt und schließlich gescheitert. Ihr ganzes Lebensgebäude ist zerbrochen.

Für manche ist der Zusammenbruch in ihrem Berufsleben so massiv, daß ihr ganzes persönliches Leben darunter leidet. Sie bekommen auch privat keinen Boden mehr unter die Füße. Sie entwerten sich selbst, trauen sich nicht mehr unter die Leute. Sie haben Angst, die Leute würden schlecht über sie reden. Sie haben den Eindruck, die ganze Welt wüßte über sie Bescheid und würde über sie sprechen. Sie ziehen sich immer mehr zurück, isolieren sich selbst, werden wortkarg und menschenscheu. Da ist ein Sozialarbeiter, der nach dem Scheitern seiner Ehe nun auch seinen Arbeitsplatz verliert. Er ist völlig aus der Bahn geworfen. Es ist eine doppelte Kränkung, daß er sowohl im privaten Bereich der Ehe als auch im öffentlichen Bereich seiner Arbeit Schiffbruch erleidet. Häufig werden Menschen, die ihre Arbeitsstelle verlieren, dann auch von Krankheiten heimgesucht. Sie fühlen sich gelähmt, finden nicht die Kraft, um sich eine andere Arbeitsstelle zu suchen. Sie fühlen sich ein für allemal abgestempelt, als Versager deklariert. Menschen, die durch Krankheit, Mobbing oder durch äußere Umstände ihre Arbeit verlieren, reagieren darauf zunächst mit

Rebellion. Sie wollen die Krankheit nicht wahrhaben oder kämpfen mit aller Kraft dagegen. Sie arbeiten trotz Krankheit genausoviel wie früher, um sich zu beweisen, daß es weiter geht. Oder sie rebellieren gegen das Mobbing, beschweren sich beim Chef, wehren sich gegen Vorwürfe, gehen zum Rechtsanwalt. Aber oft verstärkt sich durch solch einen Kampf das Mobbing der andern noch mehr. Eine Münchner Polizistin sah schließlich keinen andern Ausweg, als sich selbst zu erschießen, um der dauernden Kränkung ihrer Kollegen und dem Nicht-ernst-genommen-Werden von oben zu entgehen. Wer Mobbing am Arbeitsplatz erfährt, soll nicht kampflos das Feld räumen. Es ist wichtig, sich zu wehren. Aber zugleich braucht es Klugheit, um zu sehen, ob der Kampf eine Chance hat oder ob ich mich im Kampf in eine ausweglose Lage hinein manövriere. Dann würde ich meine Energie besser in den Aufbau einer neuen Existenz, in das Suchen einer neuen Arbeitsstelle fließen lassen.

Nach der Rebellion kommt oft die Depression. Man fühlt sich kraftlos. Man hat umsonst gekämpft. Die Niederlage ist bitter. Sie lähmt alle Kräfte. Sie schließt von der Gemeinschaft der Erfolgreichen aus, als die sich unsere Gesellschaft heute nach außen darstellt. So isoliert man sich immer mehr und gerät noch tiefer in die Depression. Es braucht lange, bis manche diese depressive Phase überwinden und sich neu orientieren. Anderen gelingt es, eine Arbeitsstelle zu finden, auf der sie viele bisher brachliegende Fähigkeiten einbringen können. Sie entwickeln neue Lust an ihrer Arbeit. Jetzt erst fühlen sie sich richtig wohl. Sie können sogar danken, daß sie die alte Arbeitsstelle verlassen mußten. Sie hätten es ohne den Bruch gar nicht bemerkt, daß diese Arbeit sie überfordert hat und weder ihrem Leib noch ihrer Seele gut tat. Jetzt haben sie das gefunden, was sie schon längst im Tiefsten gesucht haben. Im Nachhinein können sie erahnen, daß Gott selbst sie so geführt hat. Und sie können dafür dankbar sein, daß es so gekommen ist. Sie sind versöhnt mit ihrer Vergangenheit und können sich mit ganzer Kraft der Zukunft widmen.

Ich wußte nicht,

daß es so schwer ist, Herr,
Auferstehung zu leben,
das Leben neu zu lernen,
nach dem erlittenen Leid:
dem Kampf,
den Zeiten der Zweifel, der Zerrissenheit und Angst,
dem Hängen zwischen Himmel und Erde,
dem „nicht-sehen" des Weges,
dem Tod,
in dem alles zerbrach,
meine Liebe, meine Hoffnung, mein Weg.

Und du, Herr,
nach drei Tagen bist du auferstanden, Christus.
Werden es bei mir dreißig Tage, drei Jahre, dreißig Jahre?
Werde ich je erleben,
daß Auferstehung möglich wird,
Kraft erwächst zu neuem Leben,
daß ein Weg sich zeigt
in meiner Dunkelheit?
So zerbrechlich fühle ich mich,
nichts in Händen haltend
außer den Wunden,
auf deren Verklärung ich warte.

Gott, mein Gott,
hast du mich verlassen?
Warum muß ich trauernd umhergehen,
von meiner Vergangenheit bedrängt?
Warum muß ich zweifelnd umhergehen,
von meiner Zukunft bedrängt?
Wohin geht mein Weg?
Gibt es noch ein Ziel für mich,
ein neues Ziel, eine neue Berufung,
Zukunft und Hoffnung?
Manchmal kann ich es nicht mehr glauben, Herr,
manchmal kann ich nicht mehr hoffen, Gott!
Die Zeit zerrinnt zwischen meinen Fingern,
die Hoffnung zerrinnt in meinem Herzen.
Die Erinnerung allein bleibt:
lähmt, pocht täglich neu in meinen Gedanken,
bis jede Erinnerung in dem Schrei mündet:
WARUM, Christus, WARUM?
Kannst du mich nicht heilen?
Richte mich auf unter der Last der Vergangenheit,
so daß ich neu sehen kann:
Dich, meine Berufung, meinen Weg,
meine Zukunft.

2. Scheitern des Lebenskonzeptes

Es gibt viele Weisen, wie ein Mensch mit seinem Lebenskonzept scheitern kann. Da sind die persönlichen Krisen, die daran hindern, das bisherige Leben so weiter zu führen. Ein Mann hat nach seiner Ausbildung rasch Karriere gemacht in seinem Beruf. Er hat eine Familie gegründet und hat drei gesunde Kinder. Doch dann stirbt der älteste Sohn bei einem Verkehrsunfall. Oder ein Kind begeht Selbstmord. Oder die Kinder entwickeln sich anders, als die Eltern sich das erhofft hatten. Sie lehnen sich auf gegen die nach außen hin so erfolgreichen Eltern und decken ihnen ihre Ohnmacht auf. Sie verweigern das Leben und die Leistung. Sie flüchten in Drogen, werden abhängig und brechen den Kontakt zu den Eltern ab. Da stockt der Lebensfluß. Der Beruf, die Stellung, alles Ansehen bei den Menschen verliert an Bedeutung. Man war stolz, den eigenen Betrieb so erfolgreich ausgebaut zu haben. Doch jetzt schmeckt alles schal. Man kann sich an seiner Arbeit, an seinem Betrieb nicht mehr freuen. Alles war umsonst. Man macht sich Vorwürfe, daß man die Kinder vernachlässigt hat. Man möchte den ganzen Betrieb dafür hergeben, wenn Gott einem den Sohn oder die Tochter wieder schenken würde. Der Schmerz ist so groß, daß das ganze Leben davon beeinträchtigt wird. Und manch einer findet nicht mehr zurück in die Lebensspur, die er bisher verfolgt hat. Er ist so geschlagen, daß er auch keine Freude mehr an seinem Beruf und an seinem sozialen Engagement hat. Er zieht sich zurück, schämt sich vor der Gesellschaft. Andere flüchten in die Öffentlichkeit. Sie stürzen sich noch mehr in ihren Beruf. Aber hinter der erfolgreichen Fassade lauert die Verzweiflung. Man funktioniert noch, aber das Leben, die Freude, die Liebe sind aus dem Herzen entschwunden.

Manche scheitern, weil sie wie aus heiterem Himmel eine heimtückische Krankheit heimsucht. Da kommt ein Mann von einem Auslandsaufenthalt müde und schlapp zurück. Er weiß nicht, was er hat. Im Krankenhaus findet man lange nichts. Schließlich entdeckt man eine bisher unbekannte Viruserkrankung, gegen die kein Kraut gewachsen ist. Jahrelang leidet er an dieser Krankheit und findet nicht mehr zu seiner alten Kraft zurück.

Ein anderer Mann, der bisher immer erfolgreich gearbeitet und sich in seiner Gemeinde politisch engagiert hat, leidet auf einmal unter Schlaflosigkeit. Er geht zum Arzt. Aber der kann ihm nicht weiter helfen. Er nimmt immer stärkere Tabletten. Aber die lösen das Problem nicht. Er hat Angst, verrückt zu werden, wenn er nicht mehr schlafen kann. Es fehlt ihm die Kraft für seine tägliche Arbeit. Er wird immer nervöser. Er hat Angst, sich den wirklichen Problemen zu stellen, die hinter seiner Schlaflosigkeit stecken. Er müßte eine Therapie machen. Aber er kann es sich nicht eingestehen, daß er therapeutische Hilfe in Anspruch nehmen muß.

Ein anderer Mann bekommt auf dem Höhepunkt seines Erfolges einen Herzinfarkt. Er muß sich zurücknehmen und sein Leben von Grund auf ändern. Aber das gelingt ihm nicht. Jetzt spürt er, wie sehr er sich von seinen Erfolgen und seiner Leistung definiert hat. Ein anderer gerät in eine Depression. Bisher war er immer fröhlich. Jetzt wird er von depressiven Verstimmungen befallen. Er zieht sich immer mehr zurück, hat Angst, andern gegenüber seine Hilflosigkeit zu zeigen. Bei einem andern wird die Frau depressiv. Bisher hat er sich immer auf seine Frau verlassen können. Sie hielt ihm den Rücken frei, damit er seinen vielen Verpflichtungen nachgehen konnte. Jetzt muß er sich um sie kümmern. Da spürt er seine ganze Hilflosigkeit.

Das bringt sein Lebenskonzept durcheinander. Häufig erlebe ich, wie Menschen sich eingestehen müssen, daß sie eine Psychose haben. Lange Zeit haben alle den Geschäftsführer bewundert, daß er soviel arbeiten kann, ohne je müde zu werden. Jetzt muß er sich eingestehen, daß er manisch-depressiv ist. Es sind die manischen Phasen, in denen er ununterbrochen arbeiten kann. Aber jetzt zeigt sich die Manie in ihrer Gefährlichkeit. Er kennt kein Maß mehr, trifft falsche Entscheidungen und richtet sich und seine Firma zugrunde.

Andere scheitern in ihrem Lebenskonzept, weil ihnen äußere Umstände einen Strich durch die Rechnung machen. Da sind die vielen Menschen, die heute auf der Flucht sind, die vertrieben werden und aus politischen Gründen ihre Heimat verlassen müssen. Ihnen wird die Grundlage ihrer Existenz entzogen. Manche finden eine neue Heimat und bauen sich dort eine neue Existenz auf. Andere kommen nicht mehr hoch. Der Schmerz über den Verlust ist zu groß, als daß sie in der Fremde Fuß fassen könnten. Andere geraten in finanzielle Machenschaften. Sie werden von geldgierigen Geschäftemachern ausgebeutet. Und auf einmal stehen sie vor dem Nichts. Immer mehr junge Menschen werden obdachlos, weil sie aus dem Netz der sozialen Sicherung fallen oder weil sie irgendein Mißgeschick trifft. Sie können nur noch auf der Straße leben und laufen dort ihren Problemen davon. Sie geben ihre alte Identität auf und finden eine Scheinidentität im Kreise der andern Obdachlosen. Doch aus Scham über sich greifen sie immer mehr zum Alkohol und geben sich selbst auf. Sie haben keine Hoffnung mehr, sich selbst aus dem Sumpf ziehen zu können. So geraten sie immer tiefer in die Hoffnungslosigkeit und Sinnlosigkeit hinein.

Andere waren voller Idealismus. Sie haben sich für die Umwelt engagiert, bei vielen Demonstrationen mitgemacht. Jetzt spüren sie, daß sie immer aggressiver und unzufriedener werden. Sie wurden von ihren Gesinnungsgenossen im Stich gelassen. Manche haben sich lieber angepaßt und Karriere gemacht. Andere, mit denen sie voller Idealismus gekämpft haben, verstricken sich in Machtkämpfe. Sie entdecken in ihnen dunkle Seiten, Eigeninteressen, Rivalitätskämpfe. Hinter der idealistischen Fassade stecken egoistische Bedürfnisse, für die man die Bewegung oder die Partei mißbraucht. Manche wenden sich enttäuscht ab. Sie treten aus der Bewegung aus. Wofür sie gekämpft haben, das hat sich als Fata Morgana erwiesen. Ich erlebe gerade in der Kirche viele Menschen, die sich nach dem Konzil voller Idealismus für die Erneuerung der Kirche engagiert haben. Sie wollten eine lebendige Liturgie, eine gastfreundliche und offene Gemeinde. Sie haben sich für die Dritte Welt eingesetzt. Sie haben für den Frieden demonstriert und für die Bewahrung der Schöpfung gekämpft. Doch dann geraten sie in die Mühlen der Amtskirche. Sie werden enttäuscht von den Gremien der Kirche oder von einzelnen Vertretern. Jetzt wenden sie sich resigniert und verbittert von der Kirche ab. Ihr Lebenskonzept ist zerbrochen. Es ist schwer für sie, ein neues Ziel zu finden. Sie haben ihr Herzblut für die Kirche gegeben. Aber es war umsonst. Die Kirche wird ihnen immer fremder. Ihre Sprache erreicht sie nicht. Manchmal sind sie noch wütend über kirchliche Verlautbarungen. Aber oft bleibt nur noch das Gefühl vom Fremdheit und Distanz. Manche der ehemaligen Freunde sind in ihrer Religiosität erstarrt. Sie sind konservativ geworden und haben sich hinter ihrem Moralismus und ihrer Rechthaberei verschanzt. Sie sind ihnen fremd geworden. Aber dennoch leiden die früher so Engagierten am Verlust dessen, was ihnen einst so teuer war, wofür sie alles gegeben haben. Manchmal, wenn sie eine Kirche betreten, erfaßt sie eine tiefe Traurigkeit. Was sie dort erlebt haben, ist endgültig vorbei, zerbrochen.

3. Scheitern durch Sucht

Andere scheitern, indem sie einer Sucht verfallen. Anfangs trank man halt gerne ein Glas Bier mit Freunden zusammen. Doch dann wurde es immer mehr zur Gewohnheit. Da spürt eine Frau, daß ein Glas Wein sie beruhigen kann, wenn sie abends einfach nicht zur Ruhe kommt. Immer wenn es Probleme gibt, greift sie zum Wein. Und unmerklich wird sie davon abhängig. Sie gibt es lange nicht zu. Sie meint, das eine Glas Wein würde doch nichts ausmachen. Sie könnte jederzeit auch wieder aufhören. Aber dann muß sie sich eines Tages eingestehen, daß sie Alkoholikerin ist, daß sie allein aus eigener Willenskraft nicht mehr davon loskommt. Sie fühlt sich gescheitert. Oder ein Arzt, der ob seiner guten Diagnosen von allen sehr geschätzt ist, wird immer mehr vom Alkohol abhängig, um seinen Streß abzubauen. Seine Frau bekommt es mit der Angst zu tun, weil er manchmal betrunken in die Praxis geht. Sie spielt mit dem Gedanken, ihren eigenen Mann anzuzeigen, weil er zu einer Gefährdung seiner Patienten werden könnte. Ein Bankdirektor genießt seine Erfolge. Doch er trinkt immer mehr. In seiner Trunkenheit verwickelt er sich in riskante Geschäfte. Er verliert alles, seine Arbeit, sein Haus, seine Familie. Er ist gescheitert. Es gibt viele tragische Fälle, wie jemand in die Sucht geraten kann. Da setzt sich eine junge Frau für Asylanten ein. Sie gibt alles für sie, damit sie hier in Deutschland gut behandelt werden. Da wird sie von einem

Asylanten vergewaltigt. Diese Wunde kann sie nicht ertragen. Sie greift zum Alkohol und wird abhängig.

Es gibt viele Alkoholiker, die sich am Grund ihrer Ohnmacht auf einen neuen Weg machen. Sie nehmen an einer Entziehungskur teil und gehen zu den Anonymen Alkoholikern. Sie lernen, ihre Ohnmacht zu akzeptieren und sich einer höheren Macht, Gott, anzuvertrauen. So bleiben sie „trocken". Viele machen sich auf die Suche nach einem spirituellen Weg. Sie werden zu neuen Menschen. Eine Frau, die seit über 20 Jahren trocken ist, bekennt, daß sie durch ihre Alkoholkrankheit vieles gelernt hat. Sie ist heute dankbar dafür, daß sie durch ihre Sucht ein neuer Mensch geworden ist, daß sie sich nicht mehr auf sich selbst, sondern auf Gott stützt. Andere gestehen sich ihre Abhängigkeit nicht ein. Sie warten, bis es zu spät ist. Sie verwahrlosen, verlieren Beruf, Familie und allen Besitz. Sie trinken sich zu Tode.

Es gibt noch viele andere Süchte, denen jemand verfallen kann und die dann sein Scheitern bewirken. Da ist die Medikamentenabhängigkeit, da ist die Drogensucht, die ein Leben ruinieren kann. Die Drogensucht befällt meistens jüngere Menschen. Sucht ist häufig Mutterersatz. Der Süchtige will nicht erwachsen werden, er will immer in der Geborgenheit des Mutterschoßes bleiben. So fängt er gar nicht an, zu kämpfen, sich um Arbeit zu bemühen. Oder aber er gibt sie nach kurzer Zeit wieder auf. Irgendwann ist es dann zu spät. Er muß sich eingestehen, daß er nie gelebt hat, daß er unfähig geworden ist, das Leben zu meistern. Wenn er sich nicht konsequent einer Therapie unterwirft, wird er für immer scheitern. Ich erlebe häufig Männer zwischen 30 und 40 Jahren, die immer noch studieren, die noch nie gearbeitet haben. Sie leben noch bei der Mutter und saugen sie aus. Sie liegen ihr auf der Tasche, spielen mit ihrem Mitleid. Eine Mutter erzählte mir, daß ihr Sohn ihr auf diese Weise alles Ersparte erbettelt und verlebt hat. Jetzt ist alles gescheitert. Dem Sohn war mit dem Geld nicht geholfen. Denn seine Bedürfnisse sind unendlich. Und die Mutter ist zerbrochen. Sie hat weder die Kraft noch die Mittel, für ihr eigenes Leben zu sorgen. Der Sohn scheitert, weil er nicht den Mut hat, sich auf eigene Beine zu stellen. Irgendwann ist es dann zu spät für ihn. Er scheitert, weil er nie gelebt hat.

Gefährlich ist auch die Spielsucht, weil man sie lange verheimlichen kann. Eine Therapeutin erzählte mir, die Spielsüchtigen seien in der psychosomatischen Klinik die schwierigsten Patienten. Sie geben sich nach außen hin freundlich und zuvorkommend. Sie haben keine Probleme. Sie können ihre Spielsucht hinter ihrer angepaßten Fassade geschickt verstecken. Doch auch sie kann zum Ruin führen. Alles Geld wird verspielt, ja noch mehr, als man hat. Man macht Schulden. Und auf einmal sieht man nicht mehr weiter. Die Spielsucht zeigt sich heute bei Männern, die an der Börse schnell Geld gewonnen haben. Jetzt werden sie süchtig, immer mehr zu verdienen. Sie gehen immer größere Risiken ein, bis sie alles verlieren. Manche reißen dann die ganze Familie in den Strudel. Andere begehen Selbstmord und hinterlassen dann ratlose Freunde.

Auch die Arbeitssucht kann einen in das Scheitern treiben. Man denkt, man würde nur für die Familie arbeiten. Aber in Wirklichkeit braucht man die Arbeit, um der eigenen Wirklichkeit zu entfliehen. Dann steht man eines Tages vor dem Zusammenbruch, vor dem körperlichen oder psychischen oder aber vor dem Zusammenbruch der Familie. Die Familie honoriert die Arbeit nicht. Sie spürt, daß sich der Mann hinter der Arbeit versteckt, daß er sie selber braucht, daß seine Begründungen, alles sei für die Familie, nicht stimmen. Und so lehnen sie den Vater immer mehr ab. Er steht schließlich allein da, ohne die Familie, für die er angeblich so selbstlos gearbeitet hat.

4. Neue Wege

Wenn einem das eigene Lebenskonzept zerbrochen ist, kann man nur dann einen neuen Weg finden, wenn man bereit ist, das Scheitern zu akzeptieren. Das Scheitern muß angeschaut und die Gründe erforscht werden. Vielleicht war ich zu idealistisch, so daß ich wesentliche andere Seiten in mir übersehen habe. Vielleicht habe ich zu einseitig darauf vertraut, ich könne alles so einrichten, daß mein Leben nach außen hin erfolgreich und nach innen hin stimmig ist. Ich war zu naiv, zu einseitig. Ich bin einem falschen Machbarkeitswahn erlegen. Ich habe nie damit gerechnet, daß ich krank werden könnte. Ich hatte gedacht, ich könne alles, was ich will. Aber jetzt spüre ich die Grenze meines Willens. Ich habe beim Entwurf meines Lebenskonzeptes übersehen, was meine wirklichen Stärken sind. Ich bin zu sehr anderen Vorbildern gefolgt und habe gedacht, ich könne mein Leben genauso führen wie sie. Jetzt zeigt mir das Scheitern, daß ich meinen eigenen Weg gehen muß, ohne andere kopieren zu wollen.

Es tut weh, sich das Scheitern des Lebenskonzeptes einzugestehen und sich damit auszusöhnen. Aber nur wenn ich mein Scheitern anschaue und die Gründe erforsche, werde ich fähig, eine Lebensspur für mich zu entdecken, die für mich stimmt. Entscheidend ist dabei, daß ich mein bisheriges

63

Lebenskonzept nicht in Bausch und Bogen ablehne. Mein Idealismus war nicht schlecht. Er war nur zu einseitig. Mein Engagement war gut. Aber ich habe die Grenze nicht wahrgenommen. Ich habe den Gegenpol nicht gesehen, der auch zum Leben gehört. Mein Beruf hat für mich gestimmt. Aber es ging so dennoch nicht weiter. Die Grenze, die ich in meinem Beruf erfahren habe, will mir neue Möglichkeiten eröffnen. Ich bin nicht festgelegt auf den einen Beruf. In mir sind viele Möglichkeiten, die entfaltet werden möchten.

Meine Sucht ist nicht nur Schwäche. Sie verweist mich auch auf die starke Sehnsucht, die in mir liegt. Ich kann meine Sucht nicht in Griff bekommen. Ich kann sie nur akzeptieren und so mit ihr leben, daß sie meine Sehnsucht nach dem wirklichen Leben, daß sie letztlich meine Sehnsucht nach Gott wachhält. Genauso wie mich meine Sucht mit meiner Sehnsucht in Berührung bringt, möchte mir die Krankheit meine eigene Wahrheit aufdecken. Vielleicht kann ich erkennen, daß meine Krankheit notwendig war, um mich vor falschen Wegen zu bewahren und um mir mein Maß aufzuzeigen, das ich solange mißachtet hatte.

Das Scheitern ist immer die Chance, die Einseitigkeit aufzugeben und eine Spur zu finden, die meiner tiefsten Berufung entspricht. Dabei ist es wichtig, daß ich den roten Faden in meiner Lebensgeschichte erkenne und ihn wieder aufgreife, nun aber auf neue und authentischere Weise. Ich muß mir überlegen, was die tiefste Motivation war, diesen Beruf zu ergreifen und mich für dieses oder jenes Anliegen einzusetzen. Vielleicht habe ich in meiner Jugend gedacht, daß ich meine innerste Berufung nur an dieser Arbeitsstelle oder in diesem Projekt verwirklichen könne. Aber meine tiefste Berufung meint mehr. Ich muß danach Ausschau halten, was meine eigentliche Berufung ist. Die erkenne ich, wenn ich meine Lebensgeschichte mit allen Brüchen und Umbrüchen anschaue und darin meine tiefste Motivation entdecke. Vielleicht war meine innerste Motivation, dem Leben zu dienen. Und ich hatte gedacht, dem Leben vor allem als Arzt oder als Sozialarbeiter dienen zu können. Jetzt, da ich in diesem Beruf gescheitert bin, erkenne ich, daß es noch andere Weisen gibt, dem Leben zu dienen, daß es vielleicht ein spiritueller Weg ist, auf dem ich das Leben in den Menschen hervorlocken kann, nach dem sie sich im Innersten sehnen.

III.
Scheitern in einer Ordensgemeinschaft

1. Der Weg zum Austritt

Da ist eine junge Frau voller Begeisterung ins Kloster eingetreten. Sie war einige Tage zu Besuch im Kloster und hat gespürt: Das ist meine Berufung. Hier fühle ich mich wohl. Hier spüre ich Gottes Nähe. Hier will mich Gott haben. Sie ist fasziniert vom gemeinsamen Gebet, von der Fröhlichkeit der Schwestern. Und sie erhofft sich, daß sie in dieser Gemeinschaft mit ihren Problemen fertig wird und ihren Weg findet. Erst später wird sie merken, daß sie bei ihrem Klostereintritt einiges übersprungen hat, daß sie im Kloster die Lösung aller ihrer Probleme erwartet hat, daß sie vieles in das Ordensleben hineinprojiziert hat, was sie erst einmal bei sich genauer hätte anschauen müssen. Aber dessen ist sie sich beim Eintritt nicht bewußt. Sie hat die Schwestern im Konvent mit einer rosaroten Brille angeschaut. Sie hat nur das Positive gesehen, die Freundlichkeit, die Frömmigkeit und die spirituelle Ausstrahlung. Das hat sie beeindruckt. Wenn sie sich diesen Schwestern anschließt, dann wird auch ihr Leben gelingen. So glaubte sie in ihrer ersten Begeisterung.

Die ersten Jahre verlaufen gut. Sie fühlt sich von der Gemeinschaft getragen. Sie geht gerne zum Chorgebet. Die ersten Zweifel, die sich einschleichen, werden im Gespräch mit der Novizenmeisterin schnell geklärt. Die Magistra kann ihr klarmachen, daß ihre Zweifel ganz natürlich seien, daß das nur die Prüfung sei, die jeder durchmachen muß. Doch dann kommt die Ernüchterung. Sie entdeckt in der Gemeinschaft Intrigen und Rivalitätskämpfe. Sie schaut hinter die Kulissen. Sie sieht, wie manche Schwestern, die ihr am Anfang schön getan haben, gegen sie intrigieren, weil sie sich ihnen gegenüber abgegrenzt hat. Sie erkennt, wie wenig spirituell manche Schwestern sind, daß der Habit noch keine Garantie für die Sehnsucht nach Gott ist. Sie erkennt die Geistlosigkeit mancher frommer Andachtsformen. Das viele Beten hat die Schwestern oft nicht verwandelt. Im Gegenteil, die Schwester spürt, wie ihre Unzufriedenheit sich in alles einschleicht, in das Gebet, in das Miteinander, in das Klima der Gemeinschaft.

Und dann rebelliert der Leib. Die Schwester ist öfter krank. Die Novizenmeisterin gewährt ihr Ausnahmen. Sie bekommt genügend Medikamente zur Stärkung. Und schon übersieht sie die Alarmzeichen, die ihr der Körper signalisiert hat. Dann kommt sie in die Ausbildung oder in den Beruf. Jetzt kann sie sich in der Arbeit bewähren. Da fühlt sie sich wohl. Aber dann geht es auf einmal nicht mehr. Die ersten Konflikte tauchen auf. Sie werden immer stärker. Es hilft nicht mehr, die Augen zu verschließen oder die Probleme fromm zu überspielen. Sie fühlt sich nicht mehr verstanden von der Oberin. Ja, sie hat den Eindruck, daß man ihr das Rückgrat brechen, daß man ihr das eigenständige Denken austreiben möchte. Sie fühlt sich verletzt, nicht ernst genommen, in ihren Entfaltungsmöglichkeit eingeschränkt und beschnitten.

Jetzt beginnt ein langes Ringen: Bin ich hier am richtigen Platz? Waren die Motive, mit denen ich eingetreten bin, richtig? Tragen sie mich heute noch? Oder bin ich nur ins Kloster geflohen? Bin ich aus Flucht vor der Sexualität eingetreten, die mir durch den Mißbrauch seit meiner Kindheit ekelig vorkam, oder aus Angst vor der brutalen Berufswelt, aus Angst, mein Leben alleine nicht zu schaffen? Habe ich mir zuviel vom Ordensleben versprochen? Kann ich draußen nicht frömmer leben als hier? Manche haben den Eindruck, daß sie im Orden weniger beten als vor dem Eintritt. In der Jugendarbeit fühlten sie sich von Gott getragen. Jetzt tragen sie zwar ein Ordensgewand, doch das geistliche Leben trägt sie nicht mehr. Sie fühlen sich innerlich leer, ja gottlos, trotz des frommen Umfelds. Vor lauter frommer Fassade haben sie ihre Beziehung zu Gott eingebüßt. Sie werden auf einmal mit ihrer Sexualität konfrontiert. Selbstbefriedigung, die im Noviziat völlig verschwunden war, tritt wieder auf. Sie fühlen sich unrein, im Zwiespalt zwischen den hohen Idealen und ihrer eigenen Realität, die so ganz anders ist, weniger fromm, weniger rein, weniger spirituell.

Doch dann tauchen andere Gedanken in ihr auf. Soll ich es nicht doch noch einmal versuchen? Ich bräuchte ja nur intensiver zu beten oder zu meditieren. Ich mache am besten Einzelexerzitien. Dann werde ich wieder innerlich erneuert zurückkehren. Ich muß wieder zu meiner Frömmigkeit zurückfinden, die ich zu Beginn des Klosterlebens gespürt habe. Das ist nur eine Durststrecke, die ich durchstehen muß. Jeder Weg führt durch die Wüste. Ich darf nicht zu früh aufgeben. Ich will mir nicht eingestehen, daß ich gescheitert bin. Ich nehme mir ein Vorbild an der hl. Teresa. Sie hat sich ganz in Gottes Arme geworfen. Sie hat alle Unbilden aus Liebe zu Jesus angenommen. Wenn ich das fertig bringe, werde ich mich frei fühlen, werde ich in der Liebe zu Gott wachsen. Dann werde ich für viele ein Zeichen der Hoffnung sein. Ich kann es nicht aushalten, wenn meine Mitschwestern diesen Weg durchhalten und ich nicht. Ich werde immer ein schlechtes Gewissen haben, wenn ich austrete. Vielleicht werde ich dann meiner

Berufung gegenüber der Gemeinschaft untreu oder ich laufe vor Gott davon, der mich durch diese Prüfung führen möchte.

Doch all die Anstrengungen, den Ordensweg mit aller Kraft zu versuchen, helfen nicht. Der Leib rebelliert. Ja die Psyche spielt nicht mehr mit. Es treten Ängste auf, depressive Stimmungen, Empfindlichkeiten, Weinkrämpfe. Nachts wacht die Schwester auf und bekommt keine Luft mehr. Sie hat im Kloster keine Luft mehr zum Atmen. Alles schnürt ihr die Kehle zu. Aber sie möchte es nicht zugeben. Sie geht zum Arzt. Der macht sie darauf aufmerksam, daß körperlich alles in Ordnung sei. Ihre Psyche sei schuld an den körperlichen Beschwerden. Aber das möchte sie nicht hören. Das würde auch ihre Oberin nicht verstehen. Dann aber nagt es in ihr weiter. Kann ich mich selbst wieder zum Ordensleben motivieren? Oder sind all die Gründe, die ich aufzähle, nur eine Ideologisierung meiner Probleme? Ist es wirklich das Kreuz, das Jesus mir auflädt, oder lade ich mir selbst Kreuze auf, die dem Kreuz Jesu widersprechen? Schneide ich mich selbst vom Leben ab? Begründe ich meinen mangelnden Mut auszutreten mit der Leidensmystik? In dieser Phase verfallen viele der Gefahr, ihre Probleme durch eine Ideologisierung zu überspringen. Da wird dann ein unerträglicher Konflikt als Kreuz gedeutet, das ich tragen muß. Da wird das Nichtverstandenwerden durch die Oberin mit dem Hinweis auf den Gehorsam weggewischt. Da werden alle körperlichen Symptome, die gegen das Ordensleben rebellieren, als Mitleiden mit Christus gedeutet. Man übernimmt die Ideologisierung, die man in der Gemeinschaft vorfindet. Und man merkt gar nicht, wie man sich damit heillos überfordert und sich selbst verletzt. Denn man traut den eigenen Gefühlen nicht. Man greift rasch zu frommen Floskeln, ja man begründet seine Probleme vorschnell mit biblischen Worten. Ich soll die Last Christi tragen. Ich soll zum Opferlamm werden wie Jesus Christus, zum Märtyrer wie in der frühen Kirche. Die Identifizierung mit archetypischen Bildern ist höchst gefährlich. Denn man merkt gar nicht, wie man damit der eigenen Wahrheit ausweicht und einer Aufblähung erliegt. C.G. Jung spricht hier von Inflation. Man bläht sich auf mit Bildern und Begriffen, die einem nicht zustehen. Dadurch wird man blind für die eigene Wirklichkeit. Die archetypischen Bilder lassen mich als etwas Besonderes erscheinen. Ich leide wie Jesus. Ich bin Opferlamm wie Jesus. Ich bin bereit, mich völlig aufzugeben, so wie Jesus am Kreuz. Doch ich merke gar nicht, wie ich mir da göttliche Eigenschaften anmaße, die zwar für Christus stimmen, den Sohn Gottes, aber nicht für mich.

Lange geht der Kampf hin und her. Den einen Tag habe ich das Gefühl, daß ich das Kloster verlassen muß. Am nächsten Tag mache ich wieder neue Vorsätze, damit ich bleiben kann. Die Schuldgefühle drängen mich zu bleiben. Denn ich weiß ja nicht, was mich erwartet, wenn ich austrete. Ich gebe ja viele Sicherheiten auf: meine Rolle, meine Wohnung, meinen Arbeitsplatz, meine finanzielle Absicherung. Werde ich je wieder glücklich sein können? Oder werde ich mir immer vorwerfen, daß ich gescheitert bin, daß ich es nicht genügend versucht habe, konsequent zu leben? Werde ich mit dem Gefühl leben können, Jesus und der Gemeinschaft gegenüber untreu geworden zu sein? Ich fühle mich wie gelähmt. Es geht nicht vorwärts und nicht rückwärts. Ich kann mich nicht entscheiden. Dann kommt die Oberin und verletzt mich. Das ist der Tropfen, der das Faß zum Überlaufen bringt. Ich beschimpfe die Oberin, schreie alle meine Wut heraus. Jetzt gehe ich endgültig. Ich fühle mich stark. Doch schon am nächsten Tag falle ich wieder in mich zusammen. Ich fühle keine Kraft mehr in mir. Am liebsten möchte ich, daß alles zu Ende ist. Ich überlege mir, wie ich am besten aus dem Leben scheiden könnte, vor welcher Todesart ich weniger Angst hätte. Um mich vor weiteren Krankheiten zu bewahren, lasse ich mich beurlauben, exklaustrieren oder ich trete endgültig aus.

Doch nach dem Austritt sind meine Probleme nicht gelöst. Die Zeit nach dem Austritt ist oft genauso schwer wie die Zeit, als ich um die Entscheidung kämpfte. Das große Gefühl von Freiheit stellt sich nicht ein. Ich fühle mich gelähmt. Eine tiefe Trauer fällt auf mich. Ich weiß nicht, wie es weiter geht. Sobald ich einen Brief von meinen Mitschwestern bekomme, werde ich innerlich aufgewühlt. Ich mache einen weiten Bogen um Klöster und Ordensschwestern. Ich fühle mich nur noch verletzt. Und ich weiß noch nicht, ob ich jemals wieder Fuß fasse. Ich schwanke zwischen dem Gefühl von Freiheit und Trauer über das Verlorene. Endlich kann ich frei atmen, kann ich tun und lassen, was ich möchte. Aber ich bin nichts. Als Schwester galt ich etwas. Da haben andere zu mir aufgeschaut. Jetzt bin ich eine unter vielen. Ich kann mit andern Frauen nicht konkurrieren. Ich fühle mich unsicher. Ich weiß nicht, wie ich mich geben soll. Ich schwimme. Ich habe keinen Boden unter den Füßen. Es ist schwer, eine Arbeitsstelle und eine Wohnung zu finden. Die finanziellen Mittel reichen oft nicht zum Aufbau einer neuen Existenz. Das Gottesbild zerbricht zunächst völlig. Ich bin ohne Halt im Glauben. Ich habe unterschätzt, wieviel Kraft der innere Prozeß der Entscheidungsfindung gekostet hat. Die durch den Entscheidungsprozeß gebundene Energie fehlt mir beim Aufbau einer neuen Existenz.

2. Hilfen für Ordensleute in der Krise

Manche Ordensgemeinschaften reagieren auf die Krisen ihrer Mitglieder in reifer Weise. Sie geben ihnen die Möglichkeit, Therapie zu machen, entweder ambulant oder auch z.B. durch einen längeren Aufenthalt in einem Recollectiohaus. Sie geben dem Bruder oder der Schwester das Gefühl, entscheidend wäre, daß sie ihren eigenen Weg finden. Sie wollen sie weder halten noch loswerden. Es geht ihnen wirklich um das Wohl des einzelnen. In anderen Gemeinschaften dagegen werden die Krisen der einzelnen Mitglieder verdrängt oder aber mit geistlichen Argumenten verharmlost. Haben die Männergemeinschaften vor allem zwischen 1970 und 1980 viele Mitglieder verloren, so scheint es heute in vielen Frauengemeinschaften zu gären. Viele Schwestern treten kurz nach der ewigen Profeß aus. Aber die VOD beobachtet auch, daß in letzter Zeit Frauen zwischen 50 und 60 Jahren austreten.

Die Krise vieler Ordensfrauen ist sicher auch dadurch bedingt, daß das Frauenbild mancher Ordensgemeinschaften nicht mehr mit dem Bild übereinstimmt, das die Gesellschaft heute von der Frau hat. Auf der einen Seite ist das Scheitern vieler Ordensfrauen eine Anfrage an die jeweilige Gemeinschaft, sich Gedanken über ihre eigene Struktur zu machen und zu überlegen, was sie dazu beitragen kann, daß junge Frauen in ihr einen geistlichen Weg gehen können. Auf der andern Seite käme es darauf an, der einzelnen Schwester, die an einen Austritt denkt, zur Seite zu stehen, ohne sie unbedingt in eine ganz bestimmte Richtung ziehen zu wollen. In manchen Gemeinschaften wird der Schwester eine Therapie vorenthalten. Das würde nur zuviel Unruhe in den Konvent bringen. Andere Gemeinschaften bieten hier großzügige Hilfen an. Gerade kontemplative Gemeinschaften tun sich heute schwer, sich dem Problem zu stellen. Da wird die Schuld meistens auf die einzelne Schwester geschoben. Und sobald sie mit dem Gedanken spielt, das Kloster zu verlassen, wird das Problem unter den Teppich gekehrt. Man möchte sich nicht der Frage stellen, was der Austritt der Schwester für die Gemeinschaft bedeutet.

Die Gründe, warum Schwestern die Gemeinschaft verlassen, sind so vielfältig, daß sie hier nicht behandelt werden können. Sie können in der Lebensgeschichte der einzelnen Schwester liegen. Sie können aber auch mit der Gemeinschaft zu tun haben. Manchmal werden die Schwestern mit Arbeit überhäuft, so daß sie weniger Zeit zum Beten haben, als wenn sie in der Welt geblieben wären. Manchmal werden ihre Fähigkeiten beschnitten, aus Angst, die einzelne Schwester könnte zu sehr nach außen in Erscheinung treten. Manchmal ist es das mangelnde spirituelle Niveau einer Gemeinschaft, das die Schwester austrocknen läßt. Manche Gemeinschaften stellen sich den Anfragen, die der Austritt einer Schwester mit sich bringt. Sie laden andere Schwestern zu einer Supervision ein, um die Ursachen zu klären und um den Prozeß der Erneuerung anzustoßen. Anderswo allerdings verschließt man die Augen davor. Der Bischof, der für die Gemeinschaft verantwortlich ist, weiß zwar um die Krise. Er sieht jedoch keine Möglichkeit, etwas an der Gemeinschaft zu verändern.

Nur wenn die einzelne Schwester eine gute psychologische oder geistliche Begleitung – außerhalb der eigenen Gemeinschaft – erfährt, kann sie sich in aller Freiheit und Gelassenheit entscheiden, zu bleiben oder zu gehen. Neben der Einzelbegleitung wäre es für die Schwester wichtig, zu erleben, daß ihre Krise ernst genommen wird und auch in der Gemeinschaft einen Prozeß des Nachdenkens und der Erneuerung auslöst. Wenn dann eine Schwester den Abstand vom Orden wünscht, wäre es wichtig, auch einen guten rechtlichen Rahmen dafür anzubieten. Das Kirchenrecht bietet die Möglichkeit der Beurlaubung oder Exklaustration an. Aber manchmal wird die Beurlaubung so eng gehandhabt, daß die einzelne Schwester sich gegängelt fühlt. Hier wäre das Vertrauen in die Selbständigkeit der einzelnen wichtig. Im Fall des endgültigen Austritts müssen die finanziellen Fragen geregelt werden. Auch da gibt es Unterschiede: großzügige Gemeinschaften und Gemeinschaften, die ihre Schwestern wenig unterstützen. Die VOD bietet hier ein Schiedsgericht an, an das sich die einzelne Schwester und die Gemeinschaft wenden können, um die finanziellen Fragen auf gerechte Weise zu regeln.

3. Den roten Faden entdecken

Es dauert mindestens ein, meistens zwei Jahre, bis eine ausgetretene Schwester oder der ausgetretene Bruder wieder zur eigenen Kraft findet, bis sie/er ihre Vergangenheit loslassen kann, ohne sich noch Vorwürfe zu machen, daß sie/er zu früh ausgetreten sei, daß sie/er es mit gutem Willen doch noch geschafft hätte, durchzuhalten. Solange braucht jemand, um durch das Tal der Trauer hindurchzuschreiten, all das aufzuarbeiten, was vom Ordensleben immer wieder hochkommt. Aber irgendwann spürt dann die Frau, daß sie nicht mehr nach rückwärts schaut, sondern nach vorne. Auf einmal hat sie große Lust, eine Fortbildung zu machen. Sie entdeckt ihre Fähigkeiten, sie traut sich wieder etwas zu. Sie hat eine Arbeit gefunden, in der sie ihre eigenen Ideen einbringen kann. Sie spürt, daß sie ihre Talente nicht mehr vergraben muß, daß sie neue Fähigkeiten in sich entfaltet.

Wenn dein Traum wahr werden soll,
baue daran weiter
Tag für Tag
Stein um Stein,
er soll dein Geheimnis sein.

Glaub' an dich, gib niemals auf,
laß dich nicht beirren.
Gott behütet deinen Traum.
Du wirst ihn nicht verlieren.

Scheu' dich nicht zu dir zu steh'n,
vertraue deinem Traum.
Deine Angst wird einst vergeh'n,
Früchte trägt dein Lebensbaum.

Form' den Traum, bring' ihn ins Licht.
Hab den Mut und traue dich.
Sage nie: ich schaff' es nicht,
blick' nach vorn ins Traumgesicht.

Beim Finden der eigenen Lebensspur ist es wichtig, daß man wieder an die alten Träume anknüpft, die man als Kind hatte und die einen ins Kloster geführt haben. Den roten Faden in seinem Leben zu finden, ist Voraussetzung, daß man trotz des Scheiterns eine innere Kontinuität in seinem Leben entdeckt. Und nur wenn die Brüche nicht alles zusammenbrechen lassen, kann man sich mit sich und seinem Leben aussöhnen. Es ist ein Urbedürfnis im Menschen nach Kontinuität, nach Ganzheit, Einheit. Den roten Faden finden heißt aber nicht, daß man das Gleiche tut, was man im Kloster getan hat oder tun wollte. Oft verwandelt sich die ursprüngliche Berufung. Man entdeckt, daß man die Berufung mit seinem Eintritt ins Kloster nicht wirklich gelebt hat. Der Weg ins Kloster war ein Versuch, seine Berufung zu verwirklichen. Aber jetzt spürt man, daß die Berufung noch etwas anderes meint. Jetzt erst erkennt man, was das eigentliche Charisma ist. Und man weiß, daß der Weg bis jetzt genau folgerichtig war. Die Klosterjahre waren wichtig, um geformt zu werden, um tiefer hineinzuwachsen in das Geheimnis der persönlichen Berufung. Aber jetzt braucht man den äußeren Rahmen des Klosters nicht mehr, um das zu verwirklichen, wozu man sich von Gott her gesandt weiß.

Ein Wunsch, den viele ausgetretene Ordensfrauen hegen, ist der nach einer neuen geistlichen Gemeinschaft, allerdings nicht nach einer etablierten Form, sondern nach neuen Wegen gemeinsamen Lebens. Sie möchten nicht heiraten, aber sie möchten auch nicht alleine leben. Manche brauchen einige Jahre, um das Alleinsein zu genießen. Aber dann taucht doch der Wunsch auf, Weggefährtinnen zu finden, mit denen sie ihr geistliches Leben teilen können. Sie möchten gemeinsam mit andern Frauen einen spirituellen Weg gehen. Aber sie möchten nicht wieder in die alte Enge zurückfallen. Sie möchten sich viel Freiraum lassen, damit jeder auch seinen persönlichen Weg gehen kann. So stark der Wunsch nach einer offenen Gemeinschaft ist, so wenig läßt sich dieser Wunsch oft erfüllen. Denn es ist nicht so leicht, daß sich die Frauen finden, die auch zusammen passen. Manche, die ausgetreten sind, sind durch die Erfahrungen, die sie in der früheren Gemeinschaft gemacht haben, nicht offen genug, um sich auf eine neue Gemeinschaft einzulassen. Sie werden zu schnell wieder an die alten Strukturen erinnert und reagieren darauf allergisch. Es ist immer ein Wunder, wenn Menschen zu einer Gemeinschaft zusammen finden, die einander befruchtet und belebt. Manche Schwestern finden zusammen in einer Gemeinschaft oder in einem gemeinsamen Projekt, etwa einem Haus der Stille, in dem sie andere an ihrem geistlichen Suchen teilnehmen lassen. Andere schließen sich klösterlichen Gemeinschaften an. Wieder andere halten untereinander Kontakt. Im Juli 1998 und im Mai 1999 hat sich eine Gruppe von Frauen, die ihren Orden verlassen haben, in der Abtei Münsterschwarzach getroffen. Es war für sie wichtig, in einem kirchlichen Rahmen Akzeptanz und Interesse für ihren Weg zu erfahren. Und es war sehr beeindruckend, wie jede von ihrem Weg erzählt hat. Da wurden nicht die Gemeinschaften beschuldigt. Vielmehr hat jede berichtet, wie sie sich entwickelt hat und dabei von Gott geführt wurde. Viele haben lange gebraucht, um ihre neue Spur zu entdecken. Und manche haben sie auch noch nicht gefunden. Sie spüren, daß sie immer noch manches aufzuarbeiten haben. Sie haben noch nicht Fuß gefaßt. Sie brauchen Weggefährtinnen, um gut weitergehen zu können. Inzwischen gibt es einige Initiativen von ehemaligen Schwestern, die sich zusammenfinden, Kontakt untereinander halten und sich über ihren Weg austauschen. Es ist wichtig, daß die Kirche das ehrliche Ringen dieser Frauen ernst nimmt. Es ist so viel Wertvolles in ihnen, das verloren gehen würde, wenn man sie nur abschreiben würde oder, wie Fuchs und Werbick es immer wieder nennen, wenn man das Scheitern nur „entsorgen" würde. (Fuchs/Werbick 119ff)

Exkurs
Geistlicher Mißbrauch

In vielen Begleitungsgesprächen wurde uns klar, daß das Zerbrechen mancher Ehen und das Scheitern mancher Ordensleute und Priester oft mitbedingt ist durch geistlichen Mißbrauch. Manche haben in ihrer Kindheit geistlichen Mißbrauch erfahren vonseiten ihrer Eltern, durch Lehrer und Priester. Der geistliche Mißbrauch hat sie daran gehindert, ein gesundes geistliches Leben zu entwickeln. Anderen ist der geistliche Mißbrauch erst in ihrer Pfarrgemeinde oder in ihrer Ordensgemeinschaft begegnet. Erst in den letzten Jahren wagt man es, nicht nur von sexuellem Mißbrauch, sondern auch von geistlichem Mißbrauch zu sprechen. Er liegt immer dann vor, wenn ein geistlicher Begleiter oder wenn ein Oberer oder eine Oberin den Begleiteten für die eigenen Bedürfnisse mißbraucht. „Geistlicher Mißbrauch ist der falsche Umgang mit einem Menschen, der Hilfe, Unterstützung oder geistliche Stärkung braucht, mit dem Ergebnis, daß dieser betreffende Mensch in seinem geistlichen Leben geschwächt und behindert wird." (Johnson/VanVonderen 23) Das ist eine sehr allgemeine Definition des geistlichen Mißbrauchs. Mißbrauch geschieht, wenn der geistliche Begleiter einen andern Menschen dazu benutzt, ihn zu kontrollieren oder zu beherrschen, ohne Rücksicht darauf, wie es dem anderen dabei ergeht.

Jesus ruft uns ins Herz:
Selig, die Unvollkommenen,
sie werden die Freude am Leben finden.
Selig, die Gescheiterten, ihre Trümmer werden neu erbaut.
Selig, die namenlos sind, Spielleute Gottes wird man sie nennen.
Selig, die keine Rolle mehr spielen,
sie finden ihre neue Identität in mir.
Selig, die ohne Obdach in der Kirche sind,
sie werden Heimat haben in mir.
Selig, die ein „Nein" zu ihrer Erstarrung sagen,
sie werden Verwandlung erfahren.
Selig, die ausgegrenzt sind,
sie werden Neuland unter den Pflug nehmen.
Selig, die verwundet sind,
ihre Wunden werden sich in Perlen verwandeln.
Selig, die alte Sicherheiten verlassen haben um meinetwillen,
denn ihnen gehört das Leben.

Doch weh euch:
- die ihr das Gesetz über die Liebe stellt
- die ihr die Menschen klein macht
- die ihr nicht wollt, daß Menschen ihre Fähigkeiten entfalten
- die ihr jetzt satt seid durch eure Selbstgenügsamkeit
- die ihr andere mit eurem Mißtrauen verfolgt
- wenn ihr die Würde des Menschen mit Füßen tretet

- wenn ihr die Freiheit des einzelnen
  durch eure Mißgunst einschränkt
- wenn eure Angst die Luft verpestet
- wenn eure Enge zum Maßstab der Freiheit wird
- wenn eure Kleinherzigkeit zum Gebot der Liebe erhoben wird
- wenn ihr eine Mücke zum Elefanten macht
- wenn ihr das lebendige WORT benutzt,
  um Menschen mundtot zu machen
- wenn ihr das Lied der Einmaligkeit
  in einen Marsch der Anpassung umschreibt
- wenn ihr die Botschaft des Lebens
  zum Buchstaben des Gesetzes degradiert
- ihr Kleinmütigen, die ihr keinen Neuaufbruch wagt
- ihr Feiglinge, die ihr schweigt, wenn Unrecht geschieht
- ihr Angepaßten, die ihr euch um die eigene Verantwortung
  drückt
- ihr Verantwortlichen, die ihr alles mit der Macht und Gnade
  eures Amtes absegnet und nicht mit der Weite eures Herzens.

Weh euch, ihr „schein-heiligen Gefäße Gottes"
der Gestank der Verwesung, des Abgestandenen,
Verfaulten und Modrigen
liegt in und über euch!
Getünchte Gräber -
die Inschrift lautet:
Alles zur größeren Ehre des eigenen Selbst.

Jesus selbst geht in seiner Warnung vor den Pharisäern hart mit dem geistlichen Mißbrauch um. Er sieht ihn dort, wo die geistlichen Führer andern schwere Lasten auf die Schultern legen (vgl Mt 23,4). Wenn ein Begleiter oder wenn ein religiöses System dem Menschen nicht hilft, die Last seines Lebens zu tragen, sondern ihn mit seinen Erwartungen niederdrückt und auslaugt, liegt geistlicher Mißbrauch vor. Der schlimmste Vorwurf, den Jesus den Pharisäern macht, lautet: „Ihr verschließt den Menschen das Himmelreich. Ihr selbst geht nicht hinein; aber ihr laßt auch die nicht hinein, die hineingehen wollen." (Mt 23,13) Die spirituell suchenden Menschen werden durch geistlichen Mißbrauch daran gehindert, ihren Weg zu gehen. Sie können nicht in das Himmelreich eingehen, in das Reich, in dem Gott in ihnen herrscht und Gott die Mitte ist. Statt dessen werden die Gesetze und Regeln des Begleiters zum Mittelpunkt des Lebens. Diese hindern sie daran, das Geheimnis und Charisma ihres Lebens zu entdecken. Noch schärfer ist der Vorwurf Jesu: „Ihr zieht über Land und Meer, um einen einzigen Menschen für euren Glauben zu gewinnen; und wenn er gewonnen ist, dann macht ihr ihn zu einem Sohn der Hölle, der doppelt so schlimm ist wie ihr selbst." (Mt 23,15) Menschen, die mit zu großem missionarischen Eifer andere in ihre Richtung ziehen wollen, sind in Gefahr, sie in ihr eigenes Schema zu pressen. Sie stürzen sie in die Hölle, anstatt den Himmel über ihnen zu öffnen. Sie machen aus ihrem Leben eine ständige Pein, anstatt ihnen das Leben zu vermitteln, das uns Christus geschenkt hat.

Johnson und VanVonderen beschreiben einige Merkmale für Systeme, in denen geistlicher Mißbrauch getrieben wird. (Vgl. Ebd 75ff) Da legen die Leiter viel Wert auf ihre Machtstellung. Da wird ständig Gehorsam und Unterwürfigkeit gefordert. Statt das geistliche Wachstum zu fördern, widmet man sich einseitig dem äußeren korrekten Verhalten. Da gibt es unausgesprochene Regeln, die nicht übertreten werden dürfen. Wenn sie genannt würden, würde man ihre Unsinnigkeit sofort erkennen. Aber so bleiben sie unausgesprochen und üben eine große Macht aus. Ihre Übertretung wird hart bestraft. Eine andere Regel lautet, daß man nichts über die Gemeinschaft einem Dritten sagen darf. Und die wirklichen Probleme dürfen auch in der Gemeinschaft nicht angesprochen werden. Vielen, die in solch einem System leben, fällt es schwer auszusteigen. Sie werden so sehr auf die Loyalität eingeschworen, daß sie große Angst und Schuldgefühle bekommen, wenn sie daran denken, das System zu verlassen. Oft werden sie von den Autoritäten eingeschüchtert, indem ihnen furchtbare Dinge angedroht werden. Sie werden öffentlich bloßgestellt und erhalten Gemeinde-Verbot. Sie werden radikal ausgeschlossen und müssen alle Bindungen an die Gemeinschaft aufgeben.

Nach unserer Erfahrung sind für geistlichen Mißbrauch alle ideologischen Systeme anfällig. Das kann für fundamentalistische religiöse Kreise gelten, aber genauso auch für esoterische Gruppen. Eine junge Frau, die eine enge religiöse Erziehung erlebt hatte, erzählte mir, wie sie in esoterische Kreise geriet, die ihr vermittelten, sie sei etwas Besonderes, in ihr sei besonders viel Licht, man würde hinter ihr Jesus sehen. Das faszinierte sie auf der einen Seite, auf der andern Seite wurde sie dadurch verwirrt. Andere religiöse Kreise wollten ihr daraufhin die bösen Geister austreiben. Beide Richtungen führten zu einer völligen Desorientierung der jungen Frau. Immer wenn ein geistlicher Führer mit einer Vollmacht auftritt, die nur Christus zusteht, mißbraucht er Menschen. Labile Menschen werden von diesem Führungsanspruch angezogen. Sie sind fasziniert, daß da endlich einer kommt, der genau weiß, was für sie gut ist. Aber irgendwann fühlen sie sich völlig manipuliert. Dann geben sie ihren Glauben ganz auf und kennen sich überhaupt nicht mehr aus. Sie wissen nicht mehr, worauf sie sich verlassen können. Sie möchten glauben, haben aber Angst, wieder in Kreise zu geraten, die sie manipulieren.

Eine Schwester berichtete, wie begeistert sie zu Beginn ihrer Ordenszeit von ihrer Novizenmeisterin war. Noch nie in ihrem Leben hatte sie soviel Liebe erfahren wie von dieser Frau. Sie wurde ihre Freundin. Aber schon bald spürte die Schwester, daß die Liebe der Novizenmeisterin nicht selbstlos war. Sie bedurfte selbst dieser Liebe, die sie der Novizin gab. Und die Liebe schlug um in Kontrolle, als sich die Novizin ihrem Einflußbereich entzog, als sie ihre eigenen Wege ging, ihr widersprach und ihre Liebe nicht erwiderte. Die Novizenmeisterin gab der Novizin viel Zuwendung, weil sie selbst viel brauchte. Aber das gestand sie sich nicht ein. Sie forderte Dankbarkeit von der Novizin. Sie weckte in ihr Schuldgefühle, daß sie gar nichts sei ohne sie, daß sie keine Ahnung vom geistlichem Leben habe, daß sie ohne sie zerbrechen würde, daß sie nie ihren Weg finden wird usw. Sie verunsicherte sie, zog ihr den Boden weg, auf dem sie stand. So fiel sie in ein Loch. Und manche Schwester hat sich mißbrauchen lassen und ist wieder in die aus „Liebe" krallenden Hände der Novizenmeisterin zurückgekehrt. Lieber „umklammert" als „fallen gelassen" werden.

Geistlicher Mißbrauch liegt immer dann vor, wenn der Begleiter den Begleiteten für sich braucht. Er braucht Menschen, die ihm folgen, die ihn bewundern, die ihn als Guru verehren. Sobald der Begleitete sich aus der Rolle des „Anbeters" her-

auslöst, arbeitet der Begleiter mit Schuldgefühlen. Dem andern ein schlechtes Gewissen einzuimpfen, ist das subtilste Machtmittel, das es gibt. Denn keiner von uns ist völlig schuldlos. Wenn uns nun jemand Schuldgefühle einredet, dann wird unsere „schuldige Seite" sofort angesprochen und reagiert ängstlich. Vielleicht hat der andere doch Recht. Vielleicht wäre es doch besser, dem Begleiter zu folgen. Er hat schließlich die größere Erfahrung. Manche geistlichen „Mißbraucher" arbeiten nicht nur mit Schuldgefühlen, sondern auch mit einer Art Fluch. Wenn der Begleitete sich weigert, alle Weisungen zu befolgen, dann drohen sie: „Du wirst schon sehen, wo du noch hinkommst. Wenn du so bockig bist, wirst du scheitern. Du wirst noch in der Hölle landen. Du bist verdammt. In dir ist etwas ganz und gar Böses. Das ist der Satan, der dich leitet, der dir diese Gedanken eingibt." Das ist genau die Methode, die Jesus bei den Pharisäern so gegeißelt hat (vgl. Mt 23,15), den andern in die Hölle zu verdammen. Ängstliche Seelen lassen sich von solchen Verdammungsandrohungen leicht beeinflussen. Andere drohen nicht Verdammung an, sondern Liebesentzug. Aber der ist für manche genauso bedrohlich: „Wenn Du Deinem Willen folgst, werde ich Dich alleine lassen. Dann wirst Du schon sehen, wohin Dich Dein Eigenwille führt. Dann mußt Du selbst sehen, wie Du zurecht kommst." Andere Begleiter setzen den Begleiteten einem Wechselbad der Gefühle aus. In einem Gespräch schmeicheln sie ihm, loben ihn, zeigen ihm Zuneigung und Liebe. Und im nächsten Treffen beschimpfen sie ihn als untreu, ungehorsam und undankbar. Dann kennt sich der Begleitete gar nicht mehr aus.
Der geistliche Mißbrauch hat die gleichen Folgen wie sexueller Mißbrauch. Da ist einmal die Gefühlsverwirrung. Man kennt sich mit seinen Gefühlen nicht mehr aus. Auf der einen

Seite besteht Dankbarkeit für die Hilfe, die man erfährt. Auf der andern Seite gibt es das Gefühl, benutzt zu werden, im Würgegriff des Begleiters zu sein. Wut über diese Art der Begleitung und Schuldgefühle wechseln einander ab. Der Begleiter hat es doch gut gemeint, er hat ganz viel Zeit für mich geopfert. Er hat mich verstanden. Er hat mich geliebt. Der Mißbrauchte schwankt zwischen dem Empfinden, der Begleiter übe nur Macht aus, und der Verunsicherung, er habe vielleicht doch Recht. Gerade wenn dieser sehr autoritär auftritt und angeblich genau weiß, was der richtige Weg ist, kann das beeindrucken. Vielleicht spricht aus ihm doch Gott? Am Anfang hat man den Begleiter bewundert. Jetzt ist man maßlos enttäuscht. Die anfängliche Liebe schlägt in Haß um. Aber die Spannung zwischen Bewunderung und Enttäuschung, zwischen Liebe und Haß bleibt. Oft spielt die Psyche verrückt. Man weiß gar nicht mehr, wo man dran ist. Da man selber unsicher ist und seinen eigenen Weg noch nicht gefunden hat, sehnt man sich manchmal wieder zurück nach der Eindeutigkeit, mit der der Begleiter seine Weisungen gegeben hat, selbst um den Preis der Enge, die man dabei erfahren hat.

Die Gefühlsverwirrung, die der geistliche Mißbrauch auslöst, zeigt sich häufig auch als Wut und Trauer über sich selbst. Da kann sich der Begleitete selbst nicht verzeihen, daß er sich in die Hände dieses Begleiters begeben hat. Warum hat er nicht auf die Signale gehört, die ihm sein Leib oder seine Psyche gegeben hat? Warum hat er nicht auf seine Träume gehört, in denen der Begleiter in einem schlechten Licht erschien? Warum hat er seinen Zweifeln nicht getraut, die ihm schon beim ersten Gespräch kamen? Warum konnte er seinen eigenen Verstand so sehr ausschalten, daß er auf diesen Scharlatan hereinfiel? Warum hat er seinem eigenen Urteil nicht getraut? Er hat doch genügend psychologisches Wissen, um die Spiele des Begleiters zu durchschauen. Aber er spürt, daß in seinem Innern eine schwache Stelle ist, die ihn hindert, sich gegen Menschen zu wehren, die wie ein Guru auftreten. Wenn einer mit völliger Sicherheit über spirituelle Fragen spricht, dann taucht in ihm die Sehnsucht auf, die gleiche spirituelle Erfahrung machen zu dürfen, dann möchte er sich seines Gottes genauso sicher sein, wie der Guru es vorgibt.

Geistlicher Mißbrauch kommt vor allem im ideologisierten Milieu vor. In manchen spirituellen Erneuerungsbewegungen wie dem Neokatechumenat, den Fokolaren und den Charismatikern besteht die Gefahr, daß ihre oft positive Absicht sich mit ideologischem Gedankengut verbindet. Und in manchen Ordensgemeinschaften gibt es solche ideologischen Milieus. Wenn wir von solchen Ideologisierungen sprechen, so möchten wir aber keinesfalls generalisieren. Wir kennen genügend Ordensgemeinschaften und Gebetskreise, die eine gesunde Spiritualität leben und die christliche Freiheit verkörpern. Ideologisch ist ein Milieu, in dem jeder Lebensvollzug mit archetypischen Bildern überhöht wird. Da wird der Gehorsam, der in jedem Ordensleben notwendig ist, zur völligen Aufgabe des eigenen Willens umgedeutet. Man steigert sich in radikale Worte hinein und spricht davon, daß man das eigene Ich völlig auslöschen müsse, daß man sich ganz und gar Gott überlassen solle, ohne selbst zu urteilen und zu denken. Die Oberen würden für sie denken. Jeder Widerstand gegen den geistlichen Begleiter wird als Aufstand gegen Gott gedeutet. Jede Kritik wird als Verstoß gegen die Einheit interpretiert. Die Einheit sei doch das Höchste, was eine christliche Gemeinschaft auszeichne. Jesus selbst habe um diese Einheit gebetet. Man müsse mit aller Kraft an dieser Einheit festhalten, um jeden Preis, auch um den

Preis der eigenen Meinung. Man habe überhaupt nichts vom Geheimnis des Gehorsams verstanden. Die Oberin wisse doch besser, was der Wille Gottes für die Schwester sei. Sie solle doch darauf vertrauen, daß die Oberin tiefer im Gebet verankert sei als sie. Deshalb würden sie auch besser wissen, was für sie gut wäre. Alles, was man sagt, wird einem im Munde herumgedreht. Für alles hat man ein Bibelwort parat. Man kann nicht mehr offen und ehrlich über sich reden. Sobald man sich verständlich machen will, wird einem eingeredet, daß man unter Rechtfertigungszwang leidet. Da werden auch psychologische Begriffe mißbraucht. Die Oberin entpuppt sich als Hobbypsychologin, die sich eine psychologische Theorie für die Schwester ausdenkt. Bei allem, was die Schwester sagt, steckt man sie in sein psychologisches Konzept, das aber völlig aus der Luft gegriffen ist und ernsthaftem therapeutischem Bemühen nicht standhält.

Dem Begleiteten wird seine eigene Offenheit zum Verhängnis. Wenn er von seiner Kindheit etwas erzählt hat, wird es ihm sofort psychologisch gedeutet als neurotischer Komplex, als Autoritätskomplex, als Bindungsscheu, als Verweigerung, sich auf Gott einzulassen, als tiefe Verletzung, die man nur durch klaren Gehorsam und Aufgeben des eigenen Denkens heilen könne. Solche Deutungen verunsichern zunächst. Man ist sprachlos, wenn einem jedes Wort sofort klar gedeutet wird. Viele, die kein gesundes Selbstwertgefühl haben, lassen sich davon in Frage stellen. Sie denken, da wird schon etwas dran sein. Und schon stecken sie in der Falle, aus der sie oft aus eigener Kraft nicht mehr herauskommen. Sie brauchen erst einen Dritten, dem sie erzählen können, was sie da erlebt haben. Dann spüren sie im Erzählen, wie unmenschlich man mit ihnen umgegangen ist. Dann erkennen sie den Machtmißbrauch. Man spricht von Gehorsam und meint, daß man das eigene Denken aufgeben solle. Man spricht vom Willen Gottes und meint, man könne über ihn verfügen. Mancher Obere und manche Oberin, mancher Gemeindeleiter und mancher Begleiter spielen sich da als „der liebe Gott" auf. Sie wissen genau, was für die Schwester und den Bruder gut ist. Sie unterziehen sich nicht der mühevollen Aufgabe, die Benedikt vom Abt fordert, sich auf den einzelnen einzulassen, sich zu ihm hinabzubeugen und gemeinsam mit ihm hinzuhören, was Gott denn von ihm wolle und was er ihm zutraue.

Da ringt ein Ordensbruder um den Willen Gottes. Er fragt sich, wie weit Gott von ihm möchte, daß er seine Gaben entfaltet, und wie weit das nur Ausdruck von Stolz und übertriebener Sucht nach Selbstverwirklichung ist. Dann erfährt er von seinem Prior, das solle er ihm überlassen. Wenn die Obern im Hören auf Gott spüren, daß es Gottes Wille sei, seine Talente zu lassen, dann solle er darauf vertrauen, daß das genau der Weg sei, den Gott von ihm wolle. Auf diesem Weg würde er dem armen Franziskus nachfolgen, der ja auch alles losgelassen habe. Es ist schon erstaunlich, wie manche Verantwortliche heute noch wagen, sich näher am Willen Gottes anzusiedeln, als die „normalen" Ordensangehörigen , die davon wenig Ahnung hätten. Das ist geistlicher Mißbrauch. Da wird der eigene Wille mit Gottes Willen identifiziert. Das ist Machtmißbrauch. Man versteckt sich hinter dem Willen Gottes und merkt gar nicht, wie man Gott dazu benutzt, um sein grenzenloses Bedürfnis nach Macht zu befriedigen. Wer dem andern vermittelt, daß er für ihn den Willen Gottes erkenne, macht sich damit unfehlbar. Der Hl. Geist sei schließlich nicht mehr zu hinterfragen. Und man beruft sich bei allen Entscheidungen auf den Hl. Geist, der das geoffenbart habe. Hier wird menschliche Autorität ideologisch überhöht. Wenn man Gott weiterhin folgen möchte, dürfe man sich unmöglich gegen diesen Willen sträuben. Unfairer kann wohl ein geistlicher Mißbrauch nicht sein, als den Hl. Geist für sich zu reklamieren. Da läßt man dem andern keine Chance, seinem eigenen Gefühl zu trauen. Der Hl. Geist spricht ja gerade durch unsere leisen Impulse, durch die eigenen Gefühle und Träume. Aber das alles zählt bei den Verantwortlichen oft nicht. Das alles sei nur Eigenwille, der gebrochen werden müsse, damit man endlich frei ist, sich dem Hl. Geist anzuvertrauen. Wer so spricht, merkt gar nicht, hinter welcher Überheblichkeit er sich versteckt, wie er sich fast schon mit Gott gleichsetzt. Instabile Menschen fallen auf solche Parolen herein. Denn sie verheißen ihnen Klarheit und Festigkeit. Aber irgendwann fühlen sich solche Menschen mißbraucht. Dann sind sie völlig irritiert und hilflos. Es zerbricht ihr Gebäude vermeintlicher Sicherheit. Sie fühlen sich gescheitert. Sie sind in eine Sackgasse geraten und wissen nicht mehr weiter. Es bedarf einer langen Therapie, um diesen Mißbrauch aufzuarbeiten.

IV.
Scheitern als Priester

1. Motive für den Priesterberuf

Viele, die ihr Priesteramt aufgeben, entdecken, daß die Motivation, Priester zu werden, nicht klar genug war. Manche waren als Jugendliche fasziniert von ihrem Kaplan. Sie haben in der Jugendarbeit mitgeholfen und konnten ihre Fähigkeiten einbringen. Sie haben eine lebendige Gemeinschaft erfahren und sich daheim gefühlt. So hatte die Kirche für sie den Geschmack von Heimat, von Freiheit und Phantasie. Aber wenn sie dann als Kaplan an die alte Jugendarbeit anknüpfen wollten, spürten sie, daß die Zeiten ganz anders geworden sind. In der Jugendarbeit läuft nicht mehr viel. Es geht alles so zäh. Die Gruppe läßt sich nicht mehr so leicht begeistern, wie das in seiner eigenen Pfarrei der Fall war. Der Pfarrer ist neidisch, wenn der Kaplan sich mit den Jugendlichen gut versteht, und legt ihm ständig Hindernisse in den Weg. Als Kaplan muß er sich vielen andern Aufgaben stellen. So fehlt ihm die Zeit für die Jugendarbeit. Oder er merkt, daß er gar nicht der große „Jugendmagnet" ist, daß er sich schwer tut, auf Jugendliche zuzugehen. Abends fühlt er sich leer und ausgepumpt. Er verliebt sich in eine Jugendleiterin. Und auf einmal ist sein ganzes Priestertum in Frage gestellt. Er merkt, daß er sich zwar für die Aufgaben eines Priesters entschieden hat, aber nicht für die Lebensform des Zölibats. Die Ehelosigkeit hat er in Kauf genommen, aber er hat sich nicht bewußt dafür entschieden. Und er erkennt, daß ein wichtiges Motiv für seinen Priesterberuf darin bestand, Gemeinschaft zu erfahren, viele gute Beziehungen einzugehen, gemocht, gebraucht und bewundert zu werden. Doch dieses Motiv allein trägt nicht ein Leben lang.

Ein anderer ist Priester geworden, weil er von der Liturgie fasziniert war. Als Ministrant hat er es immer als etwas Besonderes angesehen, daß da ein Priester am Altar steht, der die heilige Handlung vollziehen darf. Er hat ihn in seiner Phantasie angesiedelt in den Bereich des Numinosen, des Geheimnisvollen. Da sein eigenes Selbstwertgefühl nicht sehr ausgeprägt war, übte das Herausgehobensein des Priesters auf ihn eine eigenartige Faszination aus. Unbewußt erhoffte er sich, als Priester auch über den anderen zu stehen. Da bräuchte er sich mit den andern nicht mehr sportlich oder schulisch zu messen. Da wäre er einfach überlegen, etwas Besonderes. Vielleicht hat die Mutter diesen geheimen Wunsch noch unterstützt. So konnte er mit dem Eintritt ins Priesterseminar auch noch die geheimen Wünsche der Mutter erfüllen und erwarb sich dadurch in ihrem Herzen einen besonderen Platz. Die Eltern waren stolz auf ihn. Und bei ihm selbst wuchs auf diese Weise das Selbstwertgefühl. Doch nach einigen Priesterjahren merkte er, daß er nur noch in der Rolle des Priesters lebte, daß hinter der Rolle nur Leere und Angst vor der eigenen Nichtigkeit lauerten. Nur mit seinem Priesterkragen war er etwas Besonderes. Als Mensch war er langweilig, ein Muttersöhnchen, angepaßt, unbeweglich, durchschnittlich. Doch vor dieser Durchschnittlichkeit verschloß er lieber die Augen und identifizierte sich ganz mit seinem Amt. Irgendwann holt ihn die Menschlichkeit ein. Er kann nicht mehr zelebrieren. Er bekommt Angst, am Altar schwindlig zu werden und umzufallen. Seine eigene Realität meldet sich zu Wort und zeigt ihm, wie hoch sein Idealbild von seiner Wirklichkeit entfernt ist. So gerät er in die Krise. Er spürt, daß die Motive, die ihn zum Priesteramt geführt haben, nicht mehr tragen. Die Frage ist, ob er neue Motive findet, warum er auf gute Weise Priester sein kann, oder ob er die Konsequenzen ziehen und sich verabschieden muß.

Andere sind Priester geworden, weil sie sich von Kind an in der Kirche daheim gefühlt haben. Schon als Kind sind sie mit der Mutter gerne in die Kirche gegangen. Die Leute haben das Kind gelobt, daß es so fromm sei. Und sie sagten ihm voraus, daß es einmal Priester werden würde. So sind sie in den Anzug hineingewachsen, den andere ihm übergestülpt haben. Sie hatten kein Berufungserlebnis. Ihr Weg ging folgerichtig auf das Priesteramt zu, ohne daß sie sich bewußt dafür entschieden haben. Doch irgendwann wachen sie auf und merken, daß der Anzug, den sie angezogen haben, zu groß für sie ist, daß sie sich noch nie darüber Rechenschaft abgelegt haben, was Gott eigentlich von ihnen möchte.

Ein anderes Motiv, Priester zu werden, kann darin bestehen, daß jemand glaubt, damit alle Probleme lösen zu können. Da hat ein junger Mann, der in einer persönlichen Krise steckte, für den alles dumpf und sinnlos war, ein spirituelles Erlebnis. Er fühlt sich von Gott geliebt. Das beeindruckt ihn so stark, daß er glaubt, als Priester könne er immer in diesem Gefühl leben. Wenn er Priester würde, dann wären seine Probleme gelöst, dann wäre sein Leben sinnvoll. Doch er überspringt mit dieser Begeisterung seine eigene Menschlichkeit. Die Verletzungen der Kindheit werden durch die Berufung zum Priester nicht einfach aufgelöst. Die alten Muster gehen weiter. So gerät er immer mehr in einen Zwiespalt. Er wird hin- und hergerissen zwischen seiner frommen und seiner weltlichen Seite. Und er bekommt diese Spannung nicht in den Griff. Auf der einen Seite sehnt er sich nach echter Spiritualität. Aber auf der andern Seite lebt er völlig weltlich. Er trinkt viel Alkohol und sitzt ständig vor dem Fernseher. Sein tägliches Leben spiegelt seine Frömmigkeit nicht wider. So gerät er in eine tiefe Berufungskrise.

2. Die Berufskrise

Viele Priester geraten in eine Krise, entweder nach zwei bis drei Kaplansjahren oder in der Lebensmitte, wenn sie um die 40 Jahre alt sind und sich gerade als Pfarrer etabliert haben. Viele haben mit voller Kraft angefangen. Aber schon nach kurzer Zeit spüren sie, daß sie keine Energie mehr haben. Sie haben keine Lust mehr für ein geistliches Leben. Sie beten nur noch, wenn sie in Funktion sind, wenn sie am Altar stehen. Persönliches Gebet geht ihnen immer mehr verloren. So spüren sie den Zwiespalt zwischen dem, was sie verkünden und dem, was sie selbst leben. Sie sind enttäuscht von ihren Mitbrüdern im Priesteramt. Mit dem Pfarrer haben sie Probleme. Er versteht sie nicht. Und sie entdecken, daß dieser selber nicht authentisch lebt, daß er sehr autoritär ist, arbeitssüchtig, kritikunfähig, beziehungsunfähig. Oder sie bekommen mit, daß er eine Freundin hat und gar nicht lebt, was er verkündet. Da bricht für sie eine Welt zusammen. Am gemeinsamen Priestertag erleben sie die Priester des Dekanats als frustrierte und energielose Männer, die ihre Unzufriedenheit hinter sarkastischen Witzen verbergen.

Oft wird die Krise auch verursacht durch die Beziehung zu einer Frau. Ein Priester hat eine Witwe in ihrer Trauer begleitet. Sie hat sich von ihm verstanden gefühlt. Da merkt er, daß er sich in sie verliebt. Oder aber er merkt gar nicht, wie er in seiner Hilfe seine eigenen Bedürfnisse nach Nähe und Zärtlichkeit auslebt. Auf einmal hat sich eine sexuelle Beziehung entwickelt, ohne daß er es bewußt so gewollt hat. Er hätte sich nie eine Freundin gesucht. Er wollte doch nur als Priester helfen. Aber er war sich seiner eigenen Bedürftigkeit nicht bewußt. Jetzt spürt er, wie schön es sein kann, verliebt zu sein und geliebt zu werden. Anfangs kann er es noch mit seinem Priesteramt vereinbaren. Doch dann gerät er immer mehr in einen inneren Zwiespalt. Er muß die Beziehung verheimlichen. Aber es gelingt doch nicht. So muß er sich entscheiden zwischen seinem Priesterberuf und der Frau. Er fühlt sich hin- und hergerissen. Er möchte gerne Priester sein. Er ist bei seiner Gemeinde sehr beliebt. Und die Arbeit macht ihm Spaß. Aber er kann nicht mehr ohne Liebe leben, er mag nicht mehr abends in das leere und kalte Pfarrhaus zurückkehren. Er braucht einen lieben Menschen, mit dem er sein Leben teilen möchte. Lange schwankt er hin und her. Und irgendwann trifft er die Entscheidung, für oder gegen sein Priesteramt.

Andere Priester geben ihren Beruf nicht wegen einer Frau auf, sondern weil sie es leid sind, immer im Mittelpunkt zu stehen. Sie fühlen sich überfordert. Und sie spüren die Sinnlosigkeit ihres Tuns. Sie durchschauen die Machtverhältnisse einer Pfarrei. Sie fühlen sich ausgenutzt. Sie fragen sich, was es noch für einen Sinn haben könnte, Sonntag für Sonntag zu predigen, da die Worte nur an der Oberfläche hängen bleiben. Die Machtkämpfe und Rivalitäten, die Intrigen und die Gehässigkeiten bleiben wie vorher. Er hat den Eindruck, daß sein Wirken umsonst ist. Ein tiefes Gefühl von Vergeblichkeit beschleicht ihn. Ohne Erfolg kämpft er dafür, daß der Geist Jesu sich in der Gemeinde durchsetzt. Gegen die Strukturen des

Bösen kommt er nicht an. Die vielen Predigten gehen ins Leere. Sie bewirken nichts. Angesichts der Macht des Bösen, die er auch in seiner Pfarrei am Werk sieht, möchte er mit dem Psalmisten beten: „Also hielt ich umsonst mein Herz rein und wusch meine Hände in Unschuld. Und doch war ich alle Tage geplagt und wurde jeden Morgen gezüchtigt. Mein Herz war verbittert." (Ps 73,13f) Oder er fühlt die Leere seiner Worte. Was er in der Theologie gelernt hat, das klingt nur noch hohl. Und er findet keine neue Sprache, um die Botschaft Jesu den Menschen heute nahe zu bringen. Er setzt sich für die Gemeinde ein, aber immer mehr bleiben den Gottesdiensten fern. Das erfährt er als persönliche Niederlage. Und er möchte nicht für immer auf der Seite der Verlierer sein.

Andere Priester möchten durchaus geistlich leben. Aber sie spüren, daß sie keine Führungskompetenz haben. Sie fühlen sich von der Pfarrei aufgefressen. Sie wollten Seelsorger werden und den Menschen in ihren Nöten beistehen. Aber jetzt fühlen sie sich als Manager, als Arbeitgeber, die die zerstrittene Belegschaft im Kindergarten miteinander versöhnen und die finanziellen Probleme des Altenheims lösen müssen. Davon haben sie keine Ahnung. Oder aber sie spüren, daß sie mit den Konflikten im Pfarrgemeinderat nicht umgehen können. Sie haben immer nur ihre verstehende Seite entwickelt, aber nie ihre aggressive und kämpferische. Sie entdecken, daß sie den Archetyp des Kriegers und Kämpfers, der für den Mann charakteristisch ist, nie entfaltet haben. Sie haben Angst vor den Sitzungen des Pfarrgemeinderates, fühlen sich von vielen als Gemeindeleiter abgelehnt. Ihre Sorge um eine angemessene Liturgie, ihr Eifer als Seelsorger, ihre persönliche Frömmigkeit, das alles zählt nicht. Sie sind keine guten Organisatoren. So haben sie in den Augen der typischen „Sitzungsmenschen" versagt. Sie fragen sich, ob sie den falschen Beruf gewählt haben.

3. Der neue Anfang

Der Neubeginn für einen Priester, der sein Amt aufgegeben hat, ist nicht immer einfach. Jetzt spürt der ehemalige Priester, wie er in seinem Beruf viele seiner Fähigkeiten einbringen konnte, wie schön und abwechslungsreich dieser Beruf war. Er hatte wirklich mit dem Leben zu tun in seiner ganzen Fülle, von der Geburt bis zum Sterben. Er durfte Menschen in allen Lebenssituationen begleiten, war bei der Gemeinde beliebt. Er konnte Phantasie entwickeln. Er war frei in seinen Gestaltungsmöglichkeiten. Jetzt wird er im Beruf eher unterfordert. Er kann seine Fähigkeiten nicht einbringen. Er ist einer unter vielen, hat schlechtere Startbedingungen als die andern. Denn jahrzehntelang ist er einer anderen Spur gefolgt. Die Bezahlung ist nicht besonders gut. Finanziell steht er wesentlich schlechter da als während seines Priestcramtes. Häufig muß er eine Arbeit annehmen, die gerade noch frei ist. Er muß sich damit zufrieden geben und kann nicht auswählen. Von den Mitarbeitern wird er oft genug abschätzend angeschaut. Er weiß nicht, wieviel er von sich erzählen soll. Wenn er von seinem früheren Beruf erzählt, dann reagieren die einen damit, ihn mit der Kirche zu identifizieren und ihn abzulehnen, die andern nehmen ihn zum Anlaß, ihren Kirchenhaß zu bestätigen. Aber in dieses Schimpfen auf die Kirche möchte er auch nicht einstimmen. Er fühlt sich benutzt.
Jetzt kann er endlich in Partnerschaft leben, nach der er sich als Priester lange Zeit gesehnt hat. Aber Tag für Tag mit seiner

Freundin, mit seiner Frau zusammen zu leben ist etwas anderes als die kurzen Zusammenkünfte, die er als Priester erlebt hat. Jetzt merkt er, wie sehr er Junggeselle war und das oft genug auch genossen hat. Jetzt muß er alles mit seiner Frau teilen. Und die bewundert ihn nun nicht mehr, sondern fordert ihn heraus und kritisiert vieles an ihm. Er erkennt an ihr Seiten, die er vorher nicht gesehen hat. Und er entdeckt auch an sich selbst vieles, was er nicht gerne anschaut, was er am liebsten für immer verheimlicht hätte. Wenn es Konflikte mit seiner Frau gibt, dann ertappt er sich dabei, daß er ihr im Innern Vorwürfe macht, daß sie ihn von seinem Beruf abgebracht hat. Was hat er sich dafür eingehandelt? Es scheint ein hoher Preis zu sein. Oder er spürt, daß er von der Frau vereinnahmt worden ist, daß er gar nicht ganz frei war. Jetzt lehnt er sich dagegen auf, möchte ihr beweisen, daß er ein freier Mann ist, daß er zu sich stehen kann und sich nicht von seiner Frau bestimmen läßt. Wenn die Kinder älter werden, tun sie sich schwer, vor ihren Spielkameraden zuzugeben, daß ihr Vater ehemaliger Priester ist. Sie lehnen sich gegen den Vater auf. So kann der frühere Priester sein Vaterglück nicht genießen, spürt, wie schwer es ist, wenn ihn die eigenen Kinder verachten und ihn mit seiner Biographie nicht annehmen können.

Es gibt viele ehemalige Priester, die weiter ihren spirituellen Weg gehen möchten. Aber nun kann die Frau, die der frühere Priester geheiratet hat, mit seiner Spiritualität nichts anfangen. Die Frau meint, er sei immer noch klerikal, sein kirchliches Gehabe störe sie. Jetzt fühlt er sich spirituell alleine auf sich gestellt. Manche möchten von der Kirche nichts mehr wissen. Sie schneiden ihre Vergangenheit völlig ab. Aber das tut ihrer Seele nicht gut. Nur die ehemaligen Priester werden inneren Frieden finden, die sich mit ihrer Vergangenheit ausgesöhnt haben, die auch die positiven Seiten ihres früheren Engagements für die Kirche sehen können. Manche können den roten Faden, der sie zum Priesteramt geführt hat, weiter spinnen. Sie machen eine therapeutische Ausbildung und arbeiten ähnlich wie früher in der Seelsorge. Ja manchmal erfüllen sie sich damit einen Traum, den sie auch als Priester schon geträumt hatten, der aber oft vor lauter Verwaltungsarbeit nicht möglich war. Sie möchten mit Leib und Seele Seelsorger sein und Menschen auf ihrem Weg der Sehnsucht begleiten.

Für mich gibt es drei Bedingungen, daß ein ehemaliger Priester einen guten Neuanfang vollziehen kann. Da ist einmal ein guter Beruf. Priester, die in ihrem Beruf Erfüllung finden, tun sich leichter, versöhnt mit ihrer Vergangenheit zu leben und offen zu sein für die Zukunft. Sie spüren den roten Faden, der ihren neuen Beruf mit ihrer früheren Berufung verbindet. Die zweite Bedingung ist die, daß er bereit ist, den Weg der Demut zu gehen, sich in der Ehe der eigenen Wahrheit zu stellen, die ihm die Maske herunterreißt, die er sich als Priester oft genug aufgesetzt hatte. Jetzt kann er sich nicht mehr mit seiner Rolle identifizieren. Er muß hinabsteigen in seine eigene Menschlichkeit mit all den Schattenseiten, die ihm lange verborgen waren. Und die dritte Bedingung ist, daß er seinen spirituellen Weg wieder aufnimmt. Der kann durchaus anders aussehen als während seiner Priesterzeit. Aber ohne den spirituellen Weg würde er sich von seiner eigenen Wurzel abschneiden. Viele ehemalige Priester gehen nicht nur ihren persönlichen geistlichen Weg, sondern sie engagieren sich auch für die Pfarrei, für die Kirche. Da können sie oft ihre Fähigkeiten auf neue Weise einbringen. Sie fühlen sich weiter von der Kirche getragen und knüpfen an die Liebe zur Kirche an, die sie zum Priesteramt geführt hatte.

Wie oft Herr, hielt ich dich für den Gärtner,
der zuständig ist für meinen Mist,
der mich nähren und pflegen soll,
der mich vor Gefahren schützt,
der meinen Boden gut bereitet,
der mich auf sicheren Grund stellt,
der sich Tag für Tag um mich kümmert, mit mir spricht
und mein Wachstum auf jede erdenkliche Art fördert.
Aber du bist nicht der Gärtner. Du bist der Auferstandene.
Wann begreife ich das endlich?
Ich wollte lieber im Garten bleiben,
keine Verantwortung übernehmen,
am Grab meine Wunden offen halten.

Doch du sagst:
Steh auf,
schüttle ab die Last der Vergangenheit,
es wird Zeit.
Umsonst hast du empfangen, umsonst sollst du geben.
Geh hinaus zu den verlorenen Schafen, zu den Menschen,
die auf der Suche sind,

zu denen, die halbtot sind, die an sich selbst kranken,
zu den Aussätzigen, die voller Wunden sind.
Gieße du das Öl deiner Annahme hinein.
Leide mit ihnen, halte mit ihnen aus, sprich zu ihnen,
höre zu, verstehe, begleite...
bis auch sie den Weg aus der Höhle ins Licht wagen,
bis auch sie glauben können, daß ich sie heilen will.
Geh zu den verlorenen Schafen,
die gefesselt sind von den Stimmen ihrer Vergangenheit,
ihrer Kindheit,
die wie gelähmt sind, ohne Kraft in ihren Füßen,
die blind geworden sind für ihre Wirklichkeit
und taub für mein Wort.
Führe sie zu mir durch dein Dasein, dein Verstehen,
deine Klarheit und dein Gebet.
Wecke die Toten auf, die, die in der Erstarrung leben,
kalt geworden durch die Lieblosigkeit ihrer Umwelt,
die keinen Sinn mehr in ihrem Leben sehen.
Wecke sie auf in der Kraft meines Namens.
Gebunden durch Süchte und Abhängigkeiten
sollen sie gelöst werden durch die Kraft des Wortes: Steh auf!

Geh und verkünde durch dein Sein die Liebe:
Laß die Leute erfahren, daß du aus meiner Barmherzigkeit lebst.
Lebe die Liebe, damit in den Menschen
die Sehnsucht nach Liebe - nach mir - lebendig wird.
Sorge dich nicht um deinen Lohn, dein Ansehen,
deine Anerkennung.
All das kommt von mir zu dir. Rechne nicht,
zähle nicht, vergleiche nicht.
Tu, was ich dir sage!
Sei kreativ, suche nach neuen Wegen.
Suche nach denen, die sich verirrt haben, die verloren gingen,
die nach eigenen Wegen der Erlösung suchen.
Gehe nicht zu den Menschen, die satt genug sind.
Schüttle den Staub von deinen Füßen gegen sie.
Kehre nicht wieder an diesen Ort zurück.
Vermeide Beziehungen,
in denen du deine Kraft nutzlos vertust.

Umsonst empfangt ihr alles von mir,
umsonst schenkt alles weiter.
Die Menschen, zu denen ihr gesandt seid –
sie beschenken auch euch.
Laßt Raum füreinander,
für eure Charismen, für eure Eigenart.
Vergeßt nicht zurückzukehren zu mir, in die Einsamkeit,
in die Zweisamkeit mit mir, damit ihr neu empfangen könnt:
Wasser des Lebens, Brot des Lebens.
Mein Wort sei der Grund, auf dem ihr steht.
Vergebt einander!
Haltet mich in eurem inneren Raum heilig.
Bleibt transparent!
Ihr seid der Kristall. Ich bin das Licht.
Nur in meinem Licht wird eure Schönheit sichtbar.
Sorgt euch um nichts. Bittet um alles, was ihr braucht.
Betet für die Menschen, die euch anvertraut sind, bleibt dankbar.
Sprecht nicht schlecht über andere Menschen.
Seht in ihnen das Bild, das ich in sie hineingelegt habe,
und helft mit, es zur Entfaltung zu bringen.

V.
Scheitern als Chance

1. Akzeptieren des Scheiterns

Die erste Bedingung, daß ich aus dem Scheitern heraus meine neue Lebensspur entdecke, ist das vorbehaltlose Akzeptieren meines Scheiterns. Ich muß vor mir selbst erst einmal zugeben, daß ich mir das Leben anders vorgestellt habe, daß mein Lebenstraum zerronnen ist. Dieses Akzeptieren tut weh. Ich muß den Schmerz über den Verlust meiner Illusionen aushalten. Manche versuchen, diesem Schmerz auszuweichen, indem sie viele Begründungen aufzählen, warum es nicht anders kommen konnte. Doch wer zuviel begründen muß, hat keinen Grund. Er sucht nach Gründen, um sich zu rechtfertigen. Annehmen meiner Vergangenheit heißt, daß ich alle Rechtfertigungsversuche aufgebe. Ich schaue die Vergangenheit an, wie sie war. Ich gebe vor mir selbst zu, daß ich das Beste für mein Leben wollte und daß ich die Hoffnung hatte, dieses Leben zu meistern. Ich habe an meine Ideale geglaubt. Es ist schmerzlich, das Zerbrechen der Ideale anzunehmen und zuzugeben.

Herr, ich sitze in meinem Boot und kann nicht heraus.
Ich kann nicht aufstehen auf dein Wort hin.
Ich kann für dich nicht ins Wasser springen
und dir entgegen schwimmen gegen den Strom.
Ich bin zu müde,
ich ziehe meine Maske über Augen und Ohren,
ich verberge vor dir mein Gesicht,
ich bin zu müde, noch immer „erschlagen"
von der Nacht am Kohlenfeuer.
Erinnerungen durchglühen mich,
dieses Feuer in der Nacht,
in der Nacht, in der alles zerbrach:
meine Hoffnung auf Leben,
meine Klarheit über einen Weg,
meine Berufung, Menschenfischer zu sein für dich.
Damals, in der Nacht,
in der sich alles so bedrohlich,
so dunkel und erschreckend
auf mich legte,
warf ich meinen Mantel ins Feuer,
meine Rolle, meine Würde,
meine Zukunft.
Ich verfluchte mich,
warf mich zu Boden
und weinte bitterlich.

Die Stimmen der Sklaven und Mägde hatten in mir gesiegt.
In dieser Nacht erreichte mich dein Blick der Liebe nicht mehr,
er verschwand unter den Trümmern meiner Berufung.
Nur der Hahn krähte
einmal, zweimal,
höhnisch, ironisch, grell,
durchdringend mich weckend,
ob meiner Verfehlungen, meines Versagens,
meines Gescheitertseins.
Seit dieser Nacht weckt er mich jeden Morgen neu.
Sein Schrei gellt an mein Ohr,
durchbohrt mein Herz
und besiegelt es täglich neu:
Du bist gescheitert,
du hast dein Leben verraten,
du bist nicht treu geblieben.

Diese Zeit,
von der Nacht bis zu diesem Morgen, an dem du am Ufer stehst...
an dem du Ausschau hältst nach mir...
diese Zeit war die Fortsetzung der Nacht,
war Dunkelheit und Verlassenheit,
Trauer und Schmerz,
Verzweiflung und Resignation.
Mutlos fand ich mich vor am Ufer meines Alltags.

Was sollte ich tun?
Fischen gehen?
Wieder die Arbeit aufnehmen, die ich tat, bevor ich dich traf?
Es ging nicht.
Wie könnte ich vergessen, daß du mich betört hast?
Wie könnte ich dich je vergessen?
Doch meine Schuldgefühle trieben Spott mit mir,
trieben mich fort von dir,
ich verbarg mein Gesicht,
jagte in die Wüste,
versteckte mich in der Felsenwand meiner Schuld.
Doch du suchtest mich,
täglich neu legtest du mir dein Lied der Liebe in mein Herz:
„Mit ewiger Liebe habe ich dich geliebt,
darum habe ich dir solange die Treue bewahrt."
Du folgtest mir in der Wüste,
suchtest mich auf der Landstraße des Alltags
und sahst mich im Boot meiner Ohnmacht und Hilflosigkeit.
Ich kann dir nichts anbieten.
Ich habe in all den Wochen und Monaten nichts gefangen.
Meine Hände sind so leer.

Ob ich etwas habe, was mich nährt?
Ob ich etwas habe, was dich nährt?

Meine Sehnsucht, Herr,
nach Heilung, Vergebung, Liebe,
meine Sehnsucht nach einem Neuanfang.

Komm Herr,
nimm mir die Maske vom Gesicht,
nimm mir die Scham von meinen Zügen,
nimm mir die Fesseln der Vergangenheit,
nimm mir die Schuldgefühle des Versagens,
nimm mir die Angst, ohne Zukunft zu sein.

Gib mir die Gnade der Zuversicht,
gib mir die Gewißheit, daß du mich anschaust,
laß mich tief im Herzen dein Wort hören und daran glauben:
Mit ewiger Liebe liebe ich dich.
Ich halte dir auf ewig die Treue.
Du bist nicht gescheitert.
Du mußtest durch diese Nacht der Krise.
Es mußte so sein.
Nimm es an!
Alles ist mein Wille, mein Weg für dich.
Steh auf!

Manche suchen die Gründe für ihr Scheitern nur bei den andern. Der Ehepartner ist schuld. Er hat sich anders entwickelt, als ich es vorhergesehen habe. Die Kollegen im Beruf sind schuld. Sie haben mich an den Rand des Scheiterns gebracht. Sie haben meine Gesundheit ruiniert. Die Ordensgemeinschaft ist schuld. Sie ist immer enger geworden. Wenn sie etwas beweglicher gewesen wäre, hätte ich dort leben können. Natürlich haben die anderen immer auch einen Teil Schuld an meinem Scheitern. Ich soll nicht alle Schuld auf mich laden. Damit würde ich mich erdrücken. Ich soll überhaupt darauf verzichten, Schuldzuweisungen zu verteilen, weder an die andern noch an mich selbst. Ich soll einfach anschauen, was war, und eingestehen, daß der Weg so gelaufen ist, wie er es nun einmal tat. Ich muß zugeben, daß ich diesen Weg nicht weiter gegangen bin, daß ich nicht fähig war, ihn weiter zu verfolgen, aus welchen Gründen auch immer. Erst wenn ich bei mir und meinem Scheitern bleibe, anstatt auf die andern auszuweichen, kann sich mein Scheitern langsam zu einer neuen Lebensmöglichkeit wandeln.

Aber es ist nicht so leicht, sich seine eigene Niederlage einzugestehen. Wir können leichter Siege verkraften, als mit Niederlagen umzugehen. Schon bei den Römern hieß es „Vae victis - Wehe den Besiegten" (Vgl. Fuchs/Werbick 32). Keiner möchte gerne ein Verlierer sein. Und doch müssen wir uns beim Scheitern eingestehen, daß wir verloren, daß wir eine Niederlage erlitten haben. Es bedarf einer großen Demut, humilitas, hinabzusteigen in die Niederungen der eigenen Niederlage. Wenn das Lebensgebäude zerbrochen ist, muß man sich durch den Schutt des Trümmerhaufens hindurcharbeiten, um zum Fundament zu gelangen, auf dem man das neue Haus bauen kann. Dabei werden wir entdecken, wie brüchig alles an unserem Lebenshaus war, wie sehr wir uns Illusionen gemacht haben. Das tut weh. Aber diesem Schmerz dürfen wir nicht ausweichen. Sonst ist kein Neubeginn möglich.

Teilhard de Chardin hat in seinen Schriften immer wieder von der Annahme des Scheiterns gesprochen. Das Scheitern nimmt einen wichtigen Platz in seiner optimistischen Weltsicht ein, bei der es vor allem um die Hoffnung auf die Durchdringung der ganzen Welt mit der Liebe Christi geht, um die „Amorisation" oder „Divinisierung". Zum Menschen gehört nicht nur das aktive Tun und Streben, sondern auch das Erleiden. Wir müssen auch die Minderungen und Störungen des Seins anschauen und ihnen ins Gesicht schauen, „bis wir ganz am Grunde ihrer verführerischen, ausdruckslosen oder feindlichen Augen den Segensblick Gottes aufleuchten sehen" (Fuchs 28). Gott ist gerade auch im Tod und im Scheitern zu finden. Wer die Fülle des Lebens erfahren will, muß auch die Zusammenbrüche und Niederlagen annehmen. „Daß Gott in und durch das ganze Leben greifbar sei: das erscheint uns leicht begreiflich. Doch kann Gott auch in und durch allen Tod gefunden werden? Das verwirrt uns." (Ebd 29) Teilhard ist überzeugt, daß wir gerade auch durch das Scheitern in Gott hinein fallen und daß das Scheitern der Beginn eines neuen Anfangs werden kann. „Diese feindliche Kraft, die ihn niederschlägt und zersetzt, kann, wenn er sie im Glauben annimmt, ohne aufzuhören, wider sie zu ringen, für ihn zu einem liebenden Prinzip der Erneuerung werden." (Ebd 30) Das ist keine Idealisierung des Scheiterns, sondern ein Weg, das Scheitern, das uns trifft, ohne daß wir es wollen, anzunehmen und durch seine Annahme umzuwandeln in einen Weg der Erneuerung.

Fuchs und Werbick sprechen von der „Gnade des Nullpunkts".

(Vgl. Fuchs/Werbick 98f) Der Gescheiterte hat nichts mehr zu verlieren. Er hat keine falschen Rücksichten mehr zu nehmen. Wer sein Scheitern angenommen hat, kann etwas von der „Gnade des Nullpunkts" erfahren. Er fühlt sich frei von den Meinungen und Erwartungen der andern. Er kann von neuem beginnen. Er ist herausgefallen aus „falschen Rücksichten, Kumpaneien und Interessenverflechtungen" (Ebd 99) und ist nun offen für die Gnade Gottes, die nach ihm greift, nach einem Leben, das sich nicht mehr nach den andern richtet, sondern nach Gottes Willen. Er gehört nur noch Gott und nicht mehr den Menschen und ihren Erwartungen. Und er hört nur noch auf Gott und nicht mehr auf die vielen Stimmen von Menschen, die ihn wieder zurückholen möchten auf den „Pfad der Tugend". Karl Rahner wird nicht müde, immer wieder zu betonen, daß Gott uns gerade im Untergang, in der Niederlage aufgehen kann. Man könnte vom „Sakrament der Niederlage" sprechen. Die Erfahrung der Niederlage kann Gott vermitteln. In der Niederlage kann ich zugleich Gottes heilende und befreiende Nähe erfahren. Wenn ich nichts mehr in der Hand habe, dann bin ich offen, den Gott zu erfahren, der aus dem Nichts Neues schafft, der das Tote auferweckt und in der Niederlage den Anfang des Sieges setzt.

2. Umgang mit Schuldgefühlen

Ein entscheidender Gesichtspunkt, um das Scheitern zu bearbeiten, ist der Umgang mit den Schuldgefühlen. Denn bei jedem Scheitern treten Schuldgefühle auf. Wenn eine Ehe scheitert, dann tauchen noch lange nach der offiziellen Scheidung Schuldgefühle auf. Wenn Ordensleute das Kloster verlassen und Priester ihr Amt aufgeben, werden sie immer wieder von Schuldgefühlen heimgesucht. Tief in unserem Herzen sitzt das Gefühl, wir hätten es doch schaffen müssen, wir hätten uns noch mehr anstrengen sollen. Waren wir nicht zu egoistisch? Haben wir nicht zu sehr dem Zeitgeist gehuldigt, dem es nur um Selbstverwirklichung geht? Wäre der richtige Weg nicht doch darin bestanden, einfach alles Schwere als Kreuz auf sich zu nehmen und es bis zum bitteren Ende zu tragen? Auch wenn man sich immer wieder vorhält, daß es beim besten Willen nicht mehr gegangen wäre, in der Ehe, im Orden, im Priesteramt zu bleiben, so tauchen doch immer wieder einmal solche Schuldgefühle auf. Es hat keinen Zweck, sie zu verdrängen. Wir müssen uns ihnen stellen.

Schuldgefühle können lähmen und zerfleischen. Aber in den Schuldgefühlen liegt auch eine Chance. Wenn wir sie anschauen, ohne uns zu beschuldigen, daß wir alles verkehrt gemacht hätten, und ohne uns zu entschuldigen, als ob wir an allem ganz schuldlos wären, dann können sie sich langsam wandeln. Die Schuldgefühle zeigen uns, daß es nicht möglich ist, ein Leben lang mit einer weißen Weste herumzulaufen. Wir werden immer wieder in Schuld geraten, ob wir wollen oder nicht. Wenn wir uns mit den Schuldgefühlen aussöhnen, dann erkennen wir, wie relativ es ist, im Orden oder in der Welt Gott zu suchen und zu dienen. Wir haben in uns immer noch die Vorstellung, daß uns eine äußere Bedingung (in der Ehe oder im Orden zu bleiben) die Garantie gibt, gottgefällig zu leben. Die Schuldgefühle lösen diese Vorstellung auf. Nicht die äußere Form ist entscheidend, ob wir Gottes Willen erfüllen oder nicht, sondern das Herz ist der Ort, an dem wir uns Gott gegenüber öffnen oder verschließen. In keiner Lebensform ha-

Laß mir meine Wunden –
Ich will nicht ans Licht

Meditation zu Markus 5,1–20

Ich will lieber im Dunklen bleiben,
in der Höhle des Alleinseins und der Abgeschiedenheit.
Ich traue mich nicht, ans Licht zu gehen –
hin zu Jesus,
um ihm meine Wunden zu zeigen,
die mich zu einer Ausgestoßenen machten.
Ich machte mich selbst zur Ausländerin, zur Ausgestoßenen.
Ich flüchtete in die Abgeschiedenheit,
in die Höhle der Einsamkeit, des Alleinseins.
Ich hatte Angst, mich vor den Menschen und vor Christus
so zu zeigen, wie ich bin mit all den Wunden der Vergangenheit.
Rührt mich nicht an! Laßt mich in Ruhe!
Schaut mich nicht an! Blickt nicht auf meine Vergangenheit!
Und ich selbst: ich wage auch nicht, mich so zu sehen,
wie ich geworden bin –
durch meine Geschichte.
Ich will nicht die Wunden sehen, so wie sie sind.
Ich will mich nicht anschauen und will nicht angeschaut werden.
Laßt mich im Dunkeln.

Warum? Weil ich denke:
Ich bin selbst schuld? Weil ich mich schuldig fühle?
Ich habe versagt.
Ich bin gescheitert.
Ich bin unwürdig.
Ich bin es wert, verachtet, abgeschoben, fremd zu sein.
Die Wunden trage ich zu recht.
Will ich eigentlich, daß ER zu mir sagt:
Sei rein - ich will es?!
Aber ich will es nicht,
denn die Wunden sind das einzige,
was übrig bleibt,
das einzige, was ich noch habe als Brücke, als Erinnerung.
So nimm mir nicht meine Wunden
und mache mich nicht rein.
Ich will nicht ans Licht.
Ich will nicht ins Licht. Ich schäme mich.
Ich habe keinen Mut.
Ich habe zuviel Schuld.
Ich habe nichts als meine Wunden.

ben wir die Garantie, daß wir unser Herz für Gott bereitet haben. Wir müssen täglich neu Gott unser Herz hinhalten, damit Er darin einziehe und es verwandle. Die Schuldgefühle können uns einen wichtigen Aspekt des geistlichen Lebens aufzeigen. Es kommt auf die tägliche Umkehr an, nie auf die Gewißheit, richtig zu sein. Wir sind nie einfach „richtig". Wir müssen uns immer wieder neu auf Gott hin ausrichten. Und wir können Gott nie etwas vorweisen. Selbst 50 Jahre eheliche Treue oder klösterliche Beständigkeit können wir Gott nicht als eigene Leistung hinhalten. Gott geht es um unser Herz. Und unser Herz wendet sich immer wieder von Gott ab, selbst wenn wir nach außen hin korrekt leben. Wenn wir uns mit den Schuldgefühlen aussöhnen, dann können gerade sie unser Herz für Gott aufbrechen. Nicht die Opfer, die wir Gott als eigene Leistung darbringen, sind ihm wohlgefällig, sondern: „Das Opfer, das Gott gefällt, ist ein zerknirschter Geist, ein zerbrochenes und zerschlagenes Herz wirst du, Gott, nicht verschmähen." (Ps 51,19)

Es gibt keinen Weg, die Schuldgefühle völlig zu überwinden. Sie dürfen immer wieder auftauchen. Entscheidend ist, daß wir uns nicht in die Schuldgefühle hineinsteigern, daß wir sie uns nicht verbieten und daß wir nicht darüber nachgrübeln. Vielmehr sollten sie uns immer wieder daran erinnern, täglich zu Gott umzukehren und Gott immer wieder unser leeres Herz hinzuhalten. Dann lähmen uns die Schuldgefühle nicht, sondern sie halten uns lebendig auf unserem Weg zu Gott. Sie zerbrechen immer wieder unser selbstgerechtes Herz, damit Gott darin Einzug halten kann. Je mehr wir mit den Schuldgefühlen leben, anstatt sie zu bekämpfen, desto mehr werden sie sich verwandeln, desto mehr werden sie uns verwandeln.

3. Der Trauerprozeß

Die Verwandlung des Scheiterns ist nur dem möglich, der den Trauerprozeß mit all seinen Phasen durchgeht. Zum Trauerprozeß gehört, daß ich mich den Gefühlen stelle, die in mir hochkommen, der Wut, dem Schmerz, der Traurigkeit, der Ohnmacht. Ich muß all die Kränkungen nochmals anschauen und den Schmerz zulassen, der dabei hochkommt. Manchmal ist der Schmerz über die Verletzungen im nachhinein größer als zum Zeitpunkt der Verletzung. Denn damals habe ich es gar nicht überschaut, was da eigentlich abgelaufen ist, wie unfair ich behandelt worden bin. Die Gefühle werden von Tag zu Tag wechseln. Da werden Tage sein, in denen ich eine tiefe Traurigkeit spüre, die mich lähmt. Durch sie muß ich hindurchgehen. Genauso wichtig ist aber auch die Wut, die mich immer wieder packt. Dann kann ich voller Zorn all die Vorwürfe, die ich gegen meinen Ehepartner, gegen die Firma, gegen die Ordensgemeinschaft habe, herausschreien oder herausschreiben. Ich darf dann nicht zu schnell die andern entschuldigen. Ich soll alles aussprechen, was in mir ist, ohne mir selbst eine Zensur aufzuerlegen.

Zur Frage bist du mir geworden....

Warum läßt du uns so „hängen" Christus?
Siehst du uns nicht mehr?
Spürst du nicht unsere Einsamkeit?
Läßt du uns allein?
Sind wir dir zur Frage geworden?
Sind wir auch für dich ein Fremdkörper geworden,
so wie wir es in der Kirche und für die Menschen um uns herum
geworden sind,
die uns betrachten als „gescheitert"?
Was uns bleibt, Christus, ist die Wunde.
Willst du sie nicht berühren?
Tag für Tag öffnet sie sich neu,
blutet,
weil wir fürchten,
daß wir durch unseren Schritt
dir die Treue brachen,
dir nicht mehr so nah sind,
unsere Liebe zerrissen ist.
Reiß mit deiner Sehnsucht die Mauern unserer Angst nieder
mit deinem JA,
weck uns zu neuem Leben.

Du weißt alles, Herr,
du weißt, daß wir dich lieben,
daß wir dir nahe sein wollen, Herz an Herz -
mitten in der Welt.
Die Wunde bleibt, wir ahnen es,
aber verkläre sie
im Schatten des Kreuzes,
in der Nacht unserer Zweifel,
in unserem Schrei nach dem Warum,
im Kampf um eine neue Existenz,
in der Trauer unseres Abschieds
von unserer Gemeinschaft, von unseren Idealen,
unserem bisherigen Weg,
im Schmerz unserer Verletzungen.

Unsere Wunde
verkläre im Licht deiner Auferstehung,
in der Sehnsucht unseres Herzens,
in der Hoffnung, daß unser Scheitern in deinem Scheitern
niemals umsonst war,
in der Gewißheit,
daß dein Herz größer ist
und du, die WAHRHEIT,
auch unsere Wahrheit kennst.

Der Trauerprozeß verläuft in Etappen. Ich empfinde einige Tage eine tiefe Trauer. Dann geht es mir wieder gut, und ich denke, ich hätte nun das Tal der Tränen durchschritten. Ich habe wieder neue Kraft und Lust, etwas Neues anzupacken. Doch ein paar Wochen später holt mich die Trauer von neuem ein. Es kommt in der Stille etwas hoch, was ich längst vergessen hatte. Eine Szene taucht auf, in der ich mich tief verletzt fühlte. Und schon wechseln sich Wut und Schmerz wieder ab. Ich kann nur noch weinen. Oder ich träume vom Verantwortlichen im Orden, der mich ins Gefängnis schickt. Und die ganze Situation des Gefangenseins kommt mir wieder zu Bewußtsein. Oder ich träume vom Ehepartner, der mich mit einem Messer verletzt. Da wird mir bewußt, wie tief die Nadelstiche saßen, die ich eingesteckt habe. Oder ich reagiere empfindlich auf jede Kritik. Ich höre aus wohlmeinenden Worten die Ablehnung heraus, weil die Mobbing-Erfahrung noch tief in mir steckt.

Der Trauerprozeß braucht seine Zeit. Meistens dauert es ein bis zwei Jahre, bis der Gescheiterte einen neuen Weg für sich findet. Manche resignieren. Sie meinen, sie hätten ihr Scheitern doch schon genügend verarbeitet. Aber ihre unangemessenen Reaktionen auf glückliche Eheleute, auf zufriedene Ordensmänner oder Ordensfrauen, auf Priester, die authentisch leben, zeigen ihnen, daß doch noch einiges unaufgearbeitet ist. Trotz aller Arbeit an sich selbst kommen doch wieder Überlegungen auf, ob man es nicht doch hätte durchhalten sollen. Dann hätte man es jetzt leichter, und man würde auch etwas vom Glück in der Ehe, im Beruf oder im Orden erfahren. Aber wenn sich die Gescheiterten dann vorstellen, zurückzugehen, schnürt es ihnen die Kehle zu. Alle diese emotionalen Reaktionen zwingen dazu, immer wieder aufs neue die Wünsche und Illusionen anzuschauen, die man sich vom Leben gemacht hat. Erst nach und nach wird man vorurteilslos auf andere schauen können, die in der Institution geblieben sind, an der man selbst gescheitert ist.

4. Der Trauerprozeß in der betroffenen Gemeinschaft

Aber nicht nur ich als der Gescheiterte muß trauern. Auch der Ehepartner, die Familie, die Firma, die Ordensgemeinschaft müssen einen Trauerprozeß mitmachen. Manche Ordensgemeinschaften verweigern die Trauer. Die Schwester bleibt das schwarze Schaf. Man habe ja schon immer geahnt, daß die Schwester nicht zum Ordensleben tauge, daß sie nur um sich gekreist sei, daß sie übertrieben empfindlich und nicht gemeinschaftsfähig gewesen sei. Sie habe ja nie ein wirklich geistliches Leben geführt. Es sei besser, daß sie gegangen sei. Mitscherlich hat festgestellt, daß autoritäre Systeme immer die Trauer verweigern. Er hat nach dem Krieg die Unfähigkeit zu trauern in weiten Kreisen der Bevölkerung festgestellt. Diese Unfähigkeit zu trauern führt nach Mitscherlich zu Immobilismus und gesellschaftlicher Sterilität, zur Einschränkung der Realitätswahrnehmung und zu stereotypen Vorurteilen (Vgl. Mitscherlich 24). Die Abwehrmechanismen der Verleugnung der Schuld hätten nach dem Krieg eine kollektive Melancholie verhindert, aber sie hätten zur „Ich-Verarmung" geführt und zu einer psychischen Erstarrung (Vgl. Ebd 79). Wenn wir die Thesen Mitscherlichs mit dem Ausbleiben der Trauerarbeit in Ordensgemeinschaften vergleichen, die den Austritt einiger Mitglieder betrauern müßten, dann erkennen wir Parallelen. In Klöstern herrschen oft ähnliche totalitäre Strukturen, die das Trauern verhindern. Es geht weder für die Ordensgemeinschaft, noch für die Familie oder die Firma darum, die Schuld auf den Ausgetretenen oder Gescheiterten zu schieben oder sie nur bei sich zu suchen. Der Verlust eines Menschen tut immer weh. Und diesem Schmerz müssen sich die Gemeinschaft, die Ehepartner oder die Kollegen in der Firma stellen. Jede/r braucht einen Raum, in dem Wut und Schmerz ausgedrückt werden können. In einer Ordensgemeinschaft könnte z.B. in einem gemeinsamen Gespräch über den Austritt ausgesprochen werden, was die Schwester oder der Bruder der Gemeinschaft bedeutet hat und wo man sie/ihn auch nicht verstehen konnte. Nur dann wird die Gemeinschaft entdecken, welche Chance sie sich vergeben hat, diesen Menschen mit seinen Fähigkeiten, mit seiner Einmaligkeit, zu integrieren. Nur dann wird sie die eigene Enge erkennen, die es diesem Menschen unmöglich gemacht hat, in der Gemeinschaft zu leben. Sie wird sich schmerzlich der eigenen Begrenzung bewußt und hält sie vor Gott und miteinander aus. Auch im Trauerprozeß einer Gemeinschaft werden die Gefühle ständig wechseln. Da sind Trauer und Schmerz über die Schwester oder den Mitbruder, die/der gegangen ist, die/den man geschätzt hat, wenn sie/er sich in ihrer, /seiner Einmaligkeit eingebracht hat. Aber es wird auch Wut auftauchen, daß sie/er der Gemeinschaft das angetan hat. Schließlich hat sie/er sich ja in der Profeß für immer an Gott und an die Gemeinschaft gebunden. Vielleicht fühlt sich der Konvent ohnmächtig. Man hätte die Schwester/den Mitbruder gerne gehalten, aber es war nicht möglich. Vielleicht muß die Gemeinschaft schmerzlich erkennen, daß die Schwester/der Bruder ihre/seine Berufung eher außerhalb der Gemeinschaft leben kann, oder daß sie/er keine wirkliche Berufung zum Ordensleben hatte. Nur wenn eine Gemeinschaft sich dem Trauerprozeß stellt, wird sie gewandelt und erneuert aus dem Scheitern hervorgehen. Ohne Trauerprozeß wird sie – wie Mitscherlich gezeigt hat – unbeweglich und starr. Sie wird die Aggressionen nach außen verlagern, auf das Feindbild der Ausgetretenen. Aber dadurch wird eine angemessene Bearbeitung des Autoritäts- und Gehorsamsthemas ausbleiben. Man wird unfähig, die Probleme der Gemeinschaft in Angriff zu nehmen.

Die Beurlaubung oder der Austritt einer Schwester/eines Bruders ist nicht nur eine Herausforderung für die Gemeinschaft, sondern für jede(n) Ordensangehörige(n), die/der im Orden bleibt. Denn sie/er stellt ihre/seine eigene Berufung in Frage. Sie/er muß sich die Frage stellen, was das Scheitern der Mitschwester/des Mitbruders über ihren/seinen eigenen Weg aussagt. Stimmt mein Weg noch? Was trägt mich wirklich? Warum bleibe ich? Und wenn ich bleibe, wie will ich künftig leben, damit mein Leben in der Gemeinschaft authentisch ist? Wenn ich mich diesen Fragen nicht stelle, dann werde ich jede Verunsicherung sofort abwehren. Das macht mich aber ängstlich und starr. Oder aber ich werde mein Ordensleben in rosigen Farben schildern. Da muß ich dann in jedem Brief betonen, wie gelungen mein Leben ist, wie glücklich ich bin, wieviel sich in der Gemeinschaft schon zum Positiven verändert hat, wie sehr ich gebraucht werde und wie sehr ich auf die Fragen der Menschen mit meinem Ordensleben antworte. Wenn ich mich der Verunsicherung durch das Scheitern der Mitschwester/des Mitbruders gestellt habe, werde ich gelassen meinen Weg weitergehen und zugleich auch mit den langjährigen Weggefährten noch in guter Verbindung bleiben, ohne daß wir uns gegenseitig beweisen müßten, wer nun den richtigen Weg gewählt habe.

Gotthard Fuchs und Jürgen Werbick nennen die Verweigerung des Trauerprozesses durch die Gemeinschaft „Entsorgung des Scheiterns". Sie verstehen darunter: ... „dafür zu sorgen, daß Scheitern und Scheiternde (wie Gescheiterte) die Routine eingespielter Verhaltensmuster und ‚bewährter' Regelungsmechanismen nicht zu sehr stören" (Fuchs/Werbick 119). Da das Scheitern die Gemeinschaft in Frage stellt, versucht man durch die „Entsorgung des Scheiterns" die Verunsicherung abzuwehren. Eine Form des Entsorgens ist „die Individualisierung des Scheiterns: Da hat sich einer eben nicht an die Standards gehalten, die es ihm ermöglicht hätten, am allgemeinen Gelingen teilzuhaben. Nun muß er selbst zusehen, wie er – unter Ausnutzung der ihm ja immer noch angebotenen Hilfen – zurechtkommt." (Ebd 119) Man sorgt sich sogar um die Scheiternden, läßt ihnen alle möglichen Hilfen zukommen. Aber man wehrt sich dagegen, die Erfahrungen der Gescheiterten gelten zu lassen und sich ihnen zu stellen. „Wir lassen es uns etwas kosten, diese besonders problematische Art von ‚Sondermüll' strahlungssicher unterzubringen. Nur pfuscht uns bitte mit eurem Moralisieren nicht ins Handwerk! Es ist schon schwer genug." (Ebd 121) Man kauft sich lieber durch Geld frei, als das eigene Leben in Frage stellen zu lassen.

5. Abschiednehmen

Abschiednehmen gehört zu jedem Leben. In besonderer Weise jedoch müssen Menschen Abschied nehmen, die ihre Gemeinschaft, ihre Ehe, ihren Beruf, ihr Lebenskonzept verlassen. 1990 hat sich ein Therapeutenkongreß mit dem Thema „Abschiedlich leben" befaßt. Tobias Brocher beschrieb dort geglückte und mißglückte Abschiedserfahrungen, und Verena Kast entwickelte vier Phasen, die jeden Abschied prägen. Bei jedem Abschied geht es um ein Abbrechen des Alten und ein Aufbrechen von etwas Neuem. „Das Aufbrechen von neuen Lebensmöglichkeiten erfüllt uns mit Hoffnung und Freude, mit Euphorie, das Abbrechen von Vertrautem erfüllt uns mit Angst und Trauer." (Kast 157) Jeder Aufbruch leitet eine schmerzhafte Wandlung ein. Es gibt keinen neuen Anfang ohne Verwandlung. Und oft genug wehren wir uns gegen die Verwandlung, die ansteht. Die erste Phase des Abschiedsprozesses ist die des Nicht-wahrhaben-Wollens. Man tut so, als habe sich nichts geändert, als mache es einem gar nichts aus, daß man Abschied nehmen muß. Man will nicht zurückschauen, sondern voller Schwung nach vorne schreiten. Doch das gelingt nicht. Abschied bedeutet immer auch Verlust. Und der tut weh. Es ist verständlich, daß der Ehemann, der seine Frau loslassen muß, weil sie einen andern geheiratet hat oder daß die Schwester/der Bruder, die/der die Ordensgemeinschaft verlassen hat, nicht gerne zurückschauen. Sie meinen, sie könnten einfach zur Tagesordnung übergehen. Der Blick zurück wäre zu schmerzlich und würde nichts bringen. Der würde sie nur abhalten, sich der Gegenwart zu stellen. Doch wer die Vergangenheit überspringt, der wird von ihr verfolgt.

Die zweite Phase des Abschiedsprozesses ist das Aufbrechen von chaotischen Emotionen. Sobald ich erkannt habe, was ich verloren habe, brechen in mir Gefühle auf wie diffuse Ängste, Wut, Aggressionen, Rachephantasien, aber auch Schuldgefühle. Diese Gefühle sind immer unangenehm. Daher besteht die

Gefahr, daß wir sie abspalten. Die Wut schlägt in destruktiven Neid um. Man fühlt sich gekränkt, man fühlt sich als Opfer von ungerechten Strukturen und von neurotischen Komplexen des Ehepartners oder der Gemeinschaft. Die Angst spaltet man ab, indem man sich krampfhaft an Menschen festklammert, die einen auf dem Weg in den neuen Lebensabschnitt begleiten. Die Schuldgefühle werden verdrängt, indem man andern die Schuld zuschiebt. In dieser zweiten Phase zerbricht für viele Betroffene ihr Gottesbild. Sie können nicht mehr beten. Wenn sie in die Kirche gehen, steigt eine heftige Wut in ihnen hoch. Sie können in keinen Gottesdienst mehr gehen. Sie rebellieren gegen Gott. Der Gott, dem sie so lange gedient haben, ist ihnen abhanden gekommen. Ein neues Gottesbild ist noch nicht aufgetaucht. In dieser Phase fühlen sich viele körperlich völlig erschöpft. Sie sehen keinen Sinn mehr in ihrem Leben. Manche denken an Selbstmord. Nur wenn man in dieser zweiten Trauerphase die Gefühle nicht abspaltet, sondern ehrlich anschaut, kann die dritte Phase beginnen, die Phase des Suchens, Findens und Sich-Trennens. In dieser Phase nimmt man die Projektionen zurück. Jetzt wird man offen für den Wert, den das Alte darstellt. Man entdeckt die guten Seiten, die man in der Ehe oder in der Gemeinschaft gelebt hat, was sich in einem entwickelt hat, was man an Fähigkeiten ausleben konnte. Nur so kann man diese Werte voll Dankbarkeit in sein jetziges Leben integrieren. Ich muß sowohl das Wertvolle als auch das Lebensbehindernde der vergangenen Lebenszeit ehrlich anschauen. Dann wird der Blick frei für das Neue, das in Zukunft möglich sein wird. Und so kann die vierte Phase des Abschiedsprozesses beginnen: „Ein neuer Selbst- und Weltbezug wird möglich." (Ebd 171) Anstatt zu jammern und andern ihre Lebensmöglichkeiten zu neiden, geht man schöpferisch mit den Problemen um, die vor einem stehen. Eine neue Spiritualität entwickelt sich, neue Lust am Leben wächst.

Im frühen Mönchtum war das Abschiednehmen ein wesentlicher Bestandteil der Berufung zum Mönch. Die Mönche nahmen sich Abraham zum Vorbild, der aus seinem Vaterland, aus der Verwandtschaft und aus dem Vaterhaus ausziehen mußte, um sich ganz und gar auf Gott einzulassen. Diesen dreifachen Auszug Abrahams interpretierten die Mönche einmal als Auszug aus allen Abhängigkeiten und als Loslassen des Besitzes. Wer aus der Ehe oder aus dem Orden austritt, muß sich innerlich frei machen von der alten Bindung, und er muß das loslassen, was er bisher hatte, seine Identität, das Vertraute, in dem er zuhause war. Der zweite Auszug aus der Verwandtschaft ist für die Mönche der Auszug aus der eigenen Vergangenheit mit ihren Emotionen und Lebensmustern und aus den Verletzungen der Kindheit. Wir müssen die Rollen loslassen, die wir bisher gespielt haben. Im Loslassen der Rollen geht es darum, unser wirkliches Selbst zu finden, die eigentliche Identität, die uns im Tiefsten ausmacht, das einmalige Bild, das Gott sich von uns gemacht hat. Viele halten lange an den Verletzungen fest, die sie erlebt haben. Aber das hindert sie, sich wirklich auf den Weg zu machen. Auch von den Verletzungen muß man sich verabschieden, um sich auf die Gegenwart einlassen zu können. Der dritte Auszug, der von Abraham verlangt wird, der Auszug aus dem Vaterhaus, ist für die Mönche der Auszug aus dem Sichtbaren. Jeder Abschied, der gefordert wird, ist letztlich immer auch Abschied von einem Stück dieser Welt, von etwas Sichtbarem, das wir kennen, und ein Sich-Einlassen auf das Unsichtbare. In jedem Abschied erahnen wir die Bedeutung der paulinischen Aussage: „Unsere Heimat ist im Himmel." (Phil 3,20) Wir nehmen nicht nur Abschied, um neue Aufgaben zu übernehmen, sondern letztlich, um uns mehr nach innen zu wenden. Jeder Abschied ist eine Einladung, den inneren Weg zu gehen. Wir können die Heimat nicht wieder von einer äußeren Aufgabe oder Rolle abhängig machen. Unsere wahre Heimat ist der Himmel. Unsere Heimat liegt innen. In unserem Innern wohnt Gott, das Geheimnis. Und nur dort, wo das Geheimnis wohnt, können wir daheim sein. Der Weg, auf den wir uns beim Abschied machen, führt immer dem Geheimnis zu, dem Haus, in dem wir zuhause sein können, oder wie Novalis sagt: „Wohin denn gehen wir? - Immer nach Hause."

„...wie wohl du warest verachtet"

Herr, du sagst mir:
Ich kenne dein Gefühl des Scheiterns,
Deine Angst, versagt zu haben,
Deine Bedenken, mir untreu geworden zu sein,
verloren, verkannt, verachtet zu sein,
weil dein Weg angeblich nicht geradeaus verlief,
nicht im Sinne der üblichen, gesellschaftlichen Norm.
Doch ich sage dir:
Ich weine deine Tränen,
ich lebe deine Verzweiflung,
ich bin in deiner Ohnmacht, deinen Fragen, deinen Zweifeln.
Ich weiß:
Du siehst keinen Weg mehr,
alles ist dunkel,
scheinbar verbaut, blockiert,
aber:
Habe ich dir nicht die Kraft gegeben, bis heute auszuhalten,
die Kraft zu kämpfen, zu gehen, neu zu beginnen?

Herr, ich weiß, daß du bei mir warst
in all den letzten Jahren.
Doch die Zukunft besteht nicht „nur"
in einer Arbeit, einer Wohnung, Freunden.
Es fehlt etwas!
Könnte ich es doch benennen.
Ist es die Gemeinschaft?

Die Gewißheit einer Berufung? Eines Ideals?
Das Gefühl, das Bewußtsein
von gelungenem Leben?
In mir herrscht das Gefühl eines Scherbenhaufens.
Scherben verlorenen Glücks?
Ich kann sie nicht mehr zusammensetzen,
sehe nicht mehr das Gefäß,
das zu sein ich einmal glaubte.
Und du, Herr, was sagst du dazu?

**Ich sehe deine Tränen,
ich sehe deine Scherben,
und ich sage dir:
Ich bin der Töpfer, du bist der Ton.
Wenn es mir gefällt, aus dir ein neues Gefäß zu formen,
was sträubst du dich dagegen?
Traust du es mir nicht zu?
Ja, es tut weh,
es auszuhalten,
das alte Gefäß nicht mehr zu sein –
die verlorene Rolle zu ertragen –
nur noch ein Klumpen Ton in meiner Hand zu sein.
Es tut weh, sich der Ungewißheit zu überlassen, was werden wird,
sich neu formen zu lassen,
aber vertraue mir:
Ich forme dich neu.**

Du sollst neu geboren werden.
Was du als Scheitern erlebt hast,
wird zu deinem Schatz.
Deine Wunde wird zur Perle
im Acker deines Lebens.
Fürchte dich nicht,
ich lasse dich nicht los
und lasse dich nicht fallen,
ich bin mit dir.

Mein Leben gescheitert,
auf Sand gebaut,
nicht auf Fels?
Mein Lebenshaus verbrannt
in den Flammen der Vernichtung.
Abgebrannt bis auf den Grund,
mein Lebenshaus zerstört,
mein Lebenstraum.
Warum, Herr, warum?
Mich jagt das Warum,
es gellt mir in den Ohren,
zerstampft meine Seele,
entblößt mich vollkommen.
Nackt bin ich geworden vor dir
ohne Maske, ohne Rolle.

Leer sind meine Hände,
gebrochen der Blick in die Zukunft.
Wie kann ich noch daran glauben, Herr,
daß du den Grund gelegt hast,
daß du mich beim Namen gerufen hast.
Wie kann ich noch daran glauben, Christus?
Dein Lebenshaus, Herr,
baute sich neu auf
im Dunkel der Erde,
im Schoß des Vaters,
in der Kraft des Geistes.
Gibt es das auch für mich?
Im Dunkel meiner Nacht,
in deinem Schoß,
in der Kraft des Geistes?
Werde ich meinen Schwestern und Brüdern
neu begegnen können
mit verklärten Wunden,
Auferstehung verkündend,
Frieden bringend?
Wohin gehe ich?
Immer nach Hause?
Wo ist mein Zuhause?
Bei dir, Rabbuni? Bei dir!

Auch beim Abschied von einer Ehe, einem Beruf oder einer Ordensgemeinschaft geht es letztlich darum, daß wir etwas Sichtbares aufgeben, um uns mehr und mehr dem Unsichtbaren zu widmen, um uns nach innen zu kehren und von dort her auch das Äußere in Angriff zu nehmen. Wenn wir nur die Rollen oder die Aufgaben wechseln, wird nicht wirklich etwas Neues entstehen. Es braucht die Hinwendung nach innen. So ist jeder Abschied letztlich eine spirituelle Aufgabe. Und nur der, der einen neuen spirituellen Weg findet, wird den Abschied auf Dauer so vollziehen können, daß er mit innerem Frieden und in Einklang mit sich selbst seiner Lebensspur folgen kann. Wer nur die Aufgaben wechselt, der wird bald von neuem schmerzlich erfahren, daß er sich auch an die neue Aufgabe nicht klammern kann. Und wer nur die Rollen tauscht, wird schon bald die Brüchigkeit jeder Rolle erleben. Jeder Abschied, den wir bewußt vollziehen, möchte uns weiter hinein führen in die innere Freiheit, in die Einsicht, daß wir letztlich nicht von dieser Welt sind, sondern aus Gott geboren. Jeder Abschied möchte uns auf das innere Bild, das einmalige Bild, das Gott sich von uns gemacht hat, verweisen und uns von der Identifizierung mit den Bildern befreien, die Menschen uns übergestülpt haben. Abschiednehmen heißt, frei zu werden von allen äußeren Bildern, um mehr und mehr das Bild zu entdecken, das Gott sich von uns gemacht hat.

6. Abschiedsrituale

Wenn der Trauerprozeß des Abschiednehmens durchlaufen ist, braucht es einen Schlußpunkt: ein Abschiedsritual. Es kann mir helfen, den Abschied von vergangenen Erfahrungen, von

Menschen, die mir lieb waren oder die mich verletzt haben, von guten und bösen Tagen der Vergangenheit in meiner Seele und in meinem Leib fest zu verankern, damit ich in den Wogen meines Lebens nicht wieder zurückfalle in vergangene Muster. Das Ritual ist wie ein Anker, der mir festen Halt gibt und mich immer wieder daran erinnert, daß ich mit meinem Schiff neue Ufer anlaufen möchte und nicht mehr in den alten Hafen zurückkehren darf. Und das Ritual öffnet die Türe zu neuen Erfahrungen, zu neuen Möglichkeiten meines Lebens.

Die Stimmen meiner Vergangenheit begraben und mich auszustrecken nach dem, was vor mir liegt. Das Ritual liegt zentnerschwer auf meinem Herzen, schnürt mir die Luft ab, stürzt mich in Bedrängnis und Trauer und Angst. Warum nur? Es fällt mir schwer, das Alte zurückzulassen und JA zu dem Neuen zu sagen. Bisher lebte ich dazwischen, nicht dort und nicht hier. Jetzt soll – muß – ich mich entscheiden, und es fällt mir schwer. Ich erlebe eine Zentnerlast auf meiner Brust. Ich habe Angst. Ich kann das Vergangene nicht loslassen.

Es ist wie eine Beerdigung, und das neue Leben der Auferstehung sehe ich noch nicht. Wird nicht doch der Tod seinen Sieg behalten? Zweifel bedrängen mich. Will ich wirklich JA sagen zu meinem neuen Leben? Ich spüre, wie ich wieder davonlaufen möchte. Augen zu und weg.

Die Stimmen der Angst rufen mir zu:

Laß lieber alles beim alten! Wer weiß, wieviel Anstrengungen und Sorgen das Neue mit sich bringen wird? Bleibe lieber in deiner Vergangenheit stecken! Das ist eine bessere Sicherheit. Paß auf! Gib nichts auf! Laß nicht los! Widersage nicht dem Tod. Widersage dem Leben. Du tust besser daran. Fürchte dich vor der Zukunft. Du bleibst allein. Du wirst keine Kraft finden für das Leben. Geh lieber zurück in die Höhle, halte dich weiter bedeckt. Das „Glöckchen der Aussätzigen" hält dir wenigstens weiterhin die Leute vom Hals. Laß dich nicht auf deine innere Stimme ein. Sie führt ins Nichts.

Phil 3,7-14

„Was mir damals ein Vorteil war, das habe ich um Christi willen als Nachteil erkannt.

Ja, noch mehr: ich sehe alles als Verlust an, weil die Erkenntnis Christi Jesu meines Herrn alles übertrifft..."

Seinetwegen habe ich alles aufgegeben und halte es für Unrat, um Christus zu gewinnen und in ihm zu sein, um wieder lebendig zu werden, kreativ und voll Leben, um wieder mehr Möglichkeiten zu haben, Menschen zu Christus zu führen und ihn auf meine Weise zu verkünden... um wieder leben zu können, bunt und stark.

„Nicht meine eigene Gerechtigkeit suche ich, die aus dem Gesetz hervorgeht, sondern jene, die durch den Glauben an Christus kommt, die Gerechtigkeit, die Gott aufgrund des Glaubens schenkt.

Christus will ich erkennen und die Macht seiner Auferstehung und die Gemeinschaft mit seinem Leiden, sein Tod soll mich prägen.

So hoffe ich auch zur Auferstehung von den Toten zu gelangen.

Nicht, daß ich es schon erreicht hätte oder daß ich schon vollendet wäre. Aber ich strebe danach, es zu ergreifen, weil auch ich von Christus ergriffen bin. Ich bilde mir nicht ein, daß ich es schon ergriffen hätte. Eines aber tue ich: Ich vergesse, was hinter mir liegt, und strecke mich nach dem aus, was vor mir ist. Das Ziel vor Augen, jage ich nach dem Siegespreis: der himmlischen Berufung, die Gott uns in Christus Jesus schenkt."

Ich kann mir überlegen, wie ich mein Abschiedsritual gestalten möchte, wen ich dazu einladen möchte. Ich kann das Abschiedsritual entweder mit den Menschen feiern, von denen ich mich verabschiede, oder mit Freunden, die mich auf meinem neuen Lebensabschnitt begleiten. Der Ehetherapeut Hans Jellouschek hat Abschiedsrituale für Geschiedene entwickelt. Rituale sind „wichtige Ressourcen für die Bewältigung kritischer Lebensereignisse" (Jellouschek 160). Für das Scheitern hat weder die Kirche noch die Gesellschaft Rituale bereit gestellt, da Scheitern „dem tabuisierten Bereich angehört" (Ebd 160). Das Paar kommt nach einer angemessenen Zeit der Trauer und nach dem mühseligen Prozeß der Regelung der äußeren Angelegenheiten noch einmal zusammen, gemeinsam mit den Kindern und einigen gemeinsamen Freunden. Jeder erzählt, was er am andern geschätzt hat, welche guten Erfahrungen er mit ihm gemacht hat. Er dankt dem andern für den gemeinsamen Weg, für die schönen Stunden, aber auch für die Herausforderung, die er dargestellt hat. Nachdem er dem andern gedankt hat, sagt er kurz, warum der Weg für ihn nun auf andere Weise weitergehen wird. Dann erhält der andere die Möglichkeit, in ähnlicher Weise zu sprechen. Jellouschek bietet den Partnern einen Text an, den sie sich anschauen und auch verändern können. Beim Ritual lesen sie sich dann gegenseitig diesen Text vor. Er lautet:

„....(Anrede), ich nehme von dir, was du mir gegeben hast. Ich werde es in Ehren halten. Es war eine ganze Menge, und ich danke dir dafür. Für das, was schief gegangen ist, übernehme ich meinen Teil der Verantwortung, und ich überlasse dir an deinem Teil deine Verantwortung.

Ich achte und würdige dich als Vater/Mutter unserer gemeinsamen Kinder, und ich werde, so weit es an mir liegt, weiter mit dir zu ihrem Wohl zusammenarbeiten. Als Partnerin/Partner nehme ich Abschied von dir. Leb wohl! Geh du deinen Weg, so wie ich jetzt meinen Weg gehen werde." (Ebd 162) Wenn jeder den Text gelesen hat, setzen sie Datum und Unterschrift darunter und bitten auch die Anwesenden zu unterschreiben. Am Schluß schenken sie sich zum Abschied noch etwas, was den andern an die gemeinsamen Zeiten erinnern soll. Oder sie laden die Kinder und Freunde zu einem Ritual ein, zu einer Umarmung, zu einer Fürbitte, zum Überreichen eines Symbols, das für sie etwas ausdrückt von ihrem Miteinander. Und schließlich feiern sie zum Abschluß ein gemeinsames Mahl. Solche Abschiedsrituale ermöglichen es den getrennten Partnern, auch weiterhin fair miteinander umzugehen. Sie geben den Kindern das Gefühl, daß die Eltern noch weiterhin für sie sorgen werden, daß sie nicht gegeneinander arbeiten, sondern auf eine andere Weise miteinander. Und die Freunde werden sich nicht in zwei Gruppen teilen, in die Gruppe, die zum Mann hält, und in die Gegengruppe, die auf der Seite der Frau steht. Vielmehr werden sie gemeinsame Freunde für beide bleiben, ohne ein schlechtes Gewissen, wenn man einmal die Frau und dann den Mann besucht.

Es wäre schön, wenn solche Abschiedsrituale auch in einer Ordensgemeinschaft möglich wären, wenn die Schwester oder der Bruder, die den Konvent verlassen, sich in würdiger Weise von ihren Mitschwestern und Mitbrüdern verabschieden könnten. Es wäre schon viel, wenn sie in aller Freiheit und ohne gegenseitige Vorwürfe mit den Schwestern und Brüdern einzeln sprechen könnten, die ihnen auf ihrem Weg wichtig waren. Dann wird auch nachher ein gutes Verhältnis möglich sein. Es wäre natürlich noch positiver, wenn ein gemeinsames Abschiedsritual für alle möglich wäre. Aber das setzt eine große

Zehn Gebote

1. Höre nicht auf die Stimmen deiner Kindheit, sie sind Unrat!
   Christus sagt: Ich bin deine Kraft, dein Mut, deine Anerkennung.
2. Verabschiede dich von den Wurzeln deines Rigorismus,
   deiner hochgesteckten Ideale, deiner Selbstverletzung!
   Christus sagt: Mach dich nicht zu groß! Mache dich nicht
   klein! Versuche ganz du selbst zu sein.
3. Nimm dein Glück an! Bejahe es! Sei dankbar!
   Christus sagt: Laß zurück, was hinter dir liegt. Strecke dich
   aus nach dem, was vor dir liegt!
4. Traue deiner inneren Stimme!
   Christus sagt: Werde zu dem Bild, das ich von dir in mir
   trage!
5. Folge deinem Traum!
   Christus sagt: Halte deine Träume fest, lerne sie zu leben.
6. Lebe die Spur der Freude!
   Christus sagt: Das Kind in dir will leben!
7. Wage deine Gaben zu leben, auch wenn du dich nicht
   perfekt fühlst!
   Christus sagt: Mit ungeschnürten Schuhen betrete deine
   Lebensbühne und lasse dich nicht von deiner Angst lähmen.
8. Lebe im Augenblick!
   Christus sagt: Wo du bist, da will auch ich sein!
9. Sage JA zu dir!
   Christus sagt: Mein Antlitz strahlt in deinem Gesicht! Ich
   gebe dir An-Sehen.
10. Lebe deine Kreativität!
    Christus sagt: Du bist einzig!

Reife voraus. Und manchmal ist die Situation noch so schmerzlich, daß ein gemeinsames Ritual nicht gelingen könnte. Aber nach einem gewissen Abstand, etwa von einem Jahr, wäre es sicher gut, wenn dieses Abschiedsritual mit allen vollzogen werden könnte. Das könnte die Wunden, die im Zusammenhang mit dem Austritt auf beiden Seiten geschlagen wurden, heilen und ein neues Miteinander ermöglichen, entweder einen guten Abstand, den jeder respektiert, oder auch eine neue Verbundenheit, die sich in Besuchen ausdrücken könnte oder auch in späterer Mitarbeit in Einrichtungen dieses Klosters. Dann könnte das Kloster die Fähigkeiten und das Engagement dieser Schwester und dieses Bruders weiterhin nutzen. Und die Ausgetretenen könnten ihr ursprüngliches Charisma auf neue Weise ausüben. Ähnlich könnte ein Priester sein Abschiedsritual entweder mit Mitbrüdern begehen, die ihm auf seinem priesterlichen Weg wichtig waren. Oder aber er könnte mit seiner Gemeinde Abschied feiern. Dann müßte er die Gemeinde nicht bei Nacht und Nebel verlassen, wie es oft geschieht, sondern er könnte sich offen von allen verabschieden, ohne seine Selbstachtung zu verlieren.

Wenn kein Abschiedsritual mit denen möglich ist, von denen ich mich verabschieden möchte, dann ist es sinnvoll, Freunde zu einem persönlichen Ritual einzuladen. Dieses Ritual könnte so aussehen, daß ich einiges aufgeschrieben habe, was mir aus meiner Vergangenheit wichtig erscheint, was ich hinter mir lassen und was ich in den neuen Lebensabschnitt mitnehmen möchte. Das lese ich dann allen vor und grabe es in einen großen Topf guter Erde ein. Ich habe in der Natur einige Symbole ausgesucht, die zum Ausdruck bringen, was ich hinter mir lassen möchte. Dann vergrabe ich sie und säe Blumensamen darüber oder pflanze einen Baum. Symbole, die darstellen, was ich von meinem vergangenen Weg mitnehme, können das Blumenarrangement schmücken. Oder aber ich schreibe einige Erfahrungen und Regeln auf ein schönes Blatt Papier und hänge sie in meinem Zimmer auf. Dann bitte ich die Freunde, ein Segenswort über den Baum oder die Blumen zu sprechen und mit ihrer Bitte dazu beizutragen, daß die Vergangenheit geheilt wird und daß ich sie loslassen kann. Vor dem Ritual hatte ich die Freunde schon gebeten, mir ein Symbol mitzubringen, das meinen neuen Lebensabschnitt, meine neue Lebensspur beschreiben könnte. Ich bitte sie nun, daß sie mir ihr Symbol überreichen und etwas dazu sagen. Dann beten wir gemeinsam und feiern ein Mahl miteinander.

Solche Abschiedsrituale wirken keine Wunder. Aber sie sind eine Hilfe, daß ich die Vergangenheit wirklich loslassen kann. Vergangene Muster und Kränkungen werden vielleicht trotzdem noch öfter mal auftauchen. Aber der Blick auf die Blumen oder den Baum zeigt mir, daß das Vergangene zum fruchtbaren Erdreich geworden ist, auf dem etwas Neues wächst. Ich darf nicht ständig die Erde umgraben, sonst könnten die Blumen nicht wachsen. Ich muß sie ruhen lassen. Ich schaue die Vergangenheit durchaus an, wenn sie hochkommt. Aber ich wühle nicht darin. Ich lasse sie und verstehe sie als den Grund, auf dem ich jetzt baue. Das hilft mir, mich immer mehr mit meiner Vergangenheit auszusöhnen und sie als einen Teil von mir zu verstehen und anzunehmen. Nur wenn das Verlassene und Aufgegebene angenommen wird, kann Neues darauf wachsen.

7. Die neue Lebensspur

Erst wenn ich Abschied genommen habe, kann ich neu beginnen. Bevor ich einige Möglichkeiten beschreibe, wie gescheiterte Menschen neu anfangen können, möchte ich einen Blick werfen auf das archetypische Bild für den Neubeginn. Es ist das Bild des göttlichen Kindes. Das Kind ist Symbol für die schöpferische Erneuerung. Und es ist Bild für das unverfälschte Bild, das Gott sich von uns gemacht hat. Die Mythen der Menschheit erzählen aber alle, daß das göttliche Kind immer auch ein ausgesetztes Kind ist, ob es nun Mose oder Jesus ist, ob Siegfried oder Herakles. Der Neubeginn nach dem Scheitern erinnert uns daran, daß wir ausgesetzte göttliche Kinder sind. Wir waren in der Fremde, so wie Jesus in Ägypten. Wir waren bedroht von Kräften, die uns nicht so leben ließen, wie es unserem Wesen entsprach. Aber wir haben überlebt. Das göttliche Kind in uns war stärker als alle äußeren Bedrohungen und Anfeindungen. Wenn wir wieder mit dem göttlichen Kind in Berührung kommen, dann bricht neue Kreativität in uns auf. John Bradshaw, der über das göttliche Kind in uns geschrieben hat, meint: „Der Archetyp des göttlichen Kindes fordert uns zur spirituellen Erneuerung auf. Er repräsentiert das Bedürfnis unserer Seele nach Transformation." (Bradshaw 358) Wenn wir dem göttlichen Kind in uns Raum geben, dann erleben wir oft einen starken Energieschub. Auf einmal haben wir Lust, etwas Neues anzupacken. Wir spüren eine starke Kreativität in uns und entwickeln viel Phantasie, um den neuen Lebensabschnitt auf unsere einmalige Weise zu gestalten. Für Bradshaw ist Kreativität mit Spiritualität identisch. „Wenn man schöpferisch ist, ist man im wahrsten Sinne des Wortes unserem Schöpfer ähnlich. Kreativität gibt uns die Möglichkeit, unser Leben wie unser eigenes Kunstwerk zu gestalten." (Ebd 380)

Der Stein ist weg,
der seit Monaten auf meiner Brust lag,
den Eingang zu meinem Herzen,
zu meiner Kreativität,
zu meiner Lebensfreude und Kraft,
zu meiner Zukunft,
zu neuen Lebensmöglichkeiten verschloß.

Der Stein ist weggewälzt vom Eingang des Grabes
dem Grab meines Todes,
meiner Wunden, meines Rückzugs, meiner Verschlossenheit,
meiner Starrheit, meiner Leichenstarre.
Es bricht ein Stein. Ein Tanz setzt ein.

Zwei Engel in weißen Gewändern:
Warum weinst du? Warum trauerst du noch immer?
Hast du nicht genug gelitten, gekämpft, gerungen,
Verletzungen erlebt?
Was und wem trauerst du noch nach?
Warum willst du die Fesseln deiner Trauer nicht endlich abstreifen?

Um in der Rolle des Opfers zu bleiben?
Um keine Verantwortung zu übernehmen?
Schuldzuweisung bleibt möglich!
Ich kann noch nicht loslassen, will es noch nicht?

Der Schritt des Verzeihens ist angesagt!

Wen suchst du?
Die größere Lebendigkeit,
wie ich Jesus verkünden kann.
Ich suche ihn, den meine Seele liebt,
IHN, der starb, als meine Berufung zum Beruf wurde.
Ich suchte ihn und konnte ihn nicht finden.
Ich durchstreifte die Stadt,
ließ mich verwunden von den Wächtern des Gesetzes.
Ich suche ihn, um neu mit ihm beginnen zu können,
ich suche ihn, weil ich hören möchte,
wie mein Leben weitergehen soll,
was ich dafür tun muß.

Wenn du wirklich leben willst,
dann kehre nie wieder in die Höhle der Verwesung zurück.
Schlag die neue Richtung ein, die den Blick auf IHN freigibt,
schau nicht wieder zurück!

Herr, wenn du ihn weggelegt hast,
dann sage mir, wohin du ihn gelegt hast,
ich werde ihn selber holen!
Ich möchte, daß ER wieder lebendig für mich ist,
daß er mir wieder zur Wirklichkeit wird,
daß er neu in meinem Alltag gegenwärtig wird
als der Auferstandene, der meinen Tod besiegt,
meine Trauer in Freude wandelt,
der mir Kraft schenkt, zu den Menschen zurückzugehen
und zu verkündigen: Der Herr ist auferstanden. ER lebt in uns.
Ich wünsche mir, daß ER mich neu beim Namen ruft:
Zeugin der Auferstehung und nicht Zeugin des Todes.

Der Trauerprozeß braucht bei den meisten etwa ein bis zwei Jahre. Doch dann kommen die Betroffenen wieder in Berührung mit ihrer Kraft. Dann haben sie auf einmal neue Ideen. Sie spüren, daß sie Lust haben, etwas Neues anzupacken. Sie entdecken ihre Fähigkeiten. Es findet sich von allein eine Spur, die sie weiter verfolgen. Da ergibt sich für eine ausgetretene Schwester, daß sie andere, die in einer ähnlichen Situation sind, geistlich begleitet und stützt. Oder es ergeben sich beruflich neue Möglichkeiten. Je verkrampfter sie sofort nach dem Austritt nach neuen Möglichkeiten im beruflichen oder privaten Bereich Ausschau gehalten hat, desto weniger hat sie das Passende gefunden. Jetzt, da sie alles losgelassen hat, da sie wieder Vertrauen in Gott und in die eigenen Möglichkeiten hat, ergibt sich alles gleichsam von selbst. Es öffnen sich Tore, die früher verschlossen waren. Nun erkennt sie, daß sie das, was sie im Orden immer gesucht hat, auf eine ganz andere Weise verwirklichen kann. Das, was sie als eigentliche Berufung gesehen hat, kommt jetzt erst klar zum Vorschein. Das Scheitern war zwar ein Bruch in ihrer Lebensgeschichte, aber es hat sie auch zu ihrem eigentlichen Fundament geführt, auf dem sie nun neu aufbauen kann, auf dem das Haus entstehen kann, das sie sich schon immer erträumt hatte. Schwestern und Brüdern gelingt ihre neue Lebensspur, wenn sie an ihre tiefste Motivation anknüpfen, warum sie ins Kloster gegangen sind. Auch wenn ihr Austritt auf den ersten Blick ein Scheitern bedeutet, so erleben sie nun, daß sie ihrer eigentlichen Berufung treu geblieben sind. Was wie ein Bruch aussieht, ist in Wirklichkeit ein konsequentes Verfolgen ihres Lebenstraumes. Manche sind ins Kloster eingetreten, um einen inneren Weg zu gehen. Aber dann wurden sie mit Arbeit eingedeckt und sie beteten weniger als vor ihrem Klostereintritt. Jetzt besuchen sie Meditationskurse und finden ihre spirituelle Spur. Sie leben konsequenter geistlich als im Kloster. Oder sie wollten immer den Armen helfen. Jetzt geraten sie unter die wirklich Armen. Jetzt sind sie selbst arm geworden. Denn sie können sich nicht mehr hinter die sicheren Klostermauern zurückziehen, sie sind finanziell nicht so abgesichert wie im Orden. Aber diese Armut macht sie frei. Sie spüren, daß sie für sie stimmig ist. Andere haben ihre eigenen Fähigkeiten im Kloster vergraben. Jetzt haben sie viele Möglichkeiten, sie zu entfalten. Die eine fängt an zu malen oder zu komponieren. Der andere schreibt Gedichte. Ein anderer entwickelt in seinem Beruf neue Fähigkeiten.

Priester, die ihr Amt aufgegeben haben, finden ihre Lebensspur meistens dann, wenn sie in ähnlichen Bereichen arbeiten, als Religionslehrer, als Sozialarbeiter, als Psychotherapeut. In dieser Arbeit spüren sie, daß es in ihrem Leben einen roten Faden gibt. Sie wurden Priester, um andern zu helfen. Aber dann machten sie oft genug die Erfahrung, daß sie kaum Zeit für die Seelsorge hatten, daß sie mehr pastorale Manager waren als geistliche Begleiter. Jetzt finden sie das, was sie immer gesucht haben.

Normalerweise glückt die neue Lebensspur dann, wenn die Betroffenen den roten Faden aufnehmen, der sich durch das ganze Leben zieht, wenn sie anknüpfen an die alten Lebensträume und die innere Ahnung, die sie schon als Kind hatten. Aber es gibt auch andere Weisen, wie der Neubeginn gelingen kann. Es gibt Priester die sich in der ersten Lebenshälfte zu schnell auf etwas festgelegt und viele andere Möglichkeiten in sich zurückgedrängt haben. Sie haben nur im kirchlichen Milieu gelebt und vieles abgeschnitten, was auch in ihnen schlummerte. Sie haben nur die Frömmigkeit gelebt und alles Weltliche vernachlässigt. Nach dem Bruch, den sie vollzogen haben, kommen jetzt ganz neue Möglichkeiten zum Vorschein. Da erlebt ein ehemaliger Priester, daß er große organisatorische Fähigkeiten hat. Er hat Erfolg in der Wirtschaft.

Ich bin gekommen, um dich zu salben, Herr,

- mit meinem Wunsch,
- dich noch mehr lieben zu können
- mit der Glut unter der kalten Asche meines Lebens
- mit der Zärtlichkeit meiner Sehnsucht
- mit meinen Liedern
- mit meinem Mut, ich selbst zu sein
- mit den Narben meiner Vergangenheit
- mit meinen Wunden, die du verklärst
- mit meiner Auferstehung aus dem Tod
- mit meiner Freude über das Leben
- mit meinem Herzen der Dankbarkeit
- mit meinem Blick der Klarheit
- mit meiner Phantasie und Kreativität
- mit den Charismen, die du mir schenkst
- mit meinen Höhen und Tiefen
- mit meinem Suchen und Finden
- mit meiner Entschlossenheit, Altes zurückzulassen
  und Neues wachsen zu lassen
- mit meinen Händen, die aufnehmen, annehmen,
  segnen, und austeilen.

Eine Frau, die nur für die Familie da war, entdeckt nach der Trennung von ihrem Mann, daß sie Lust hat auf eine Ausbildung. Sie spürt ihre kreativen oder therapeutische Fähigkeiten oder aber Freude an ihrem alten Beruf. Manchmal finden die Geschiedenen nach einer Phase der Trennung zu einer tieferen Beziehung zu ihren Kindern. Anfangs waren die Kinder wütend und entsetzt, voller Schmerz und Trauer über die Trennung ihrer Eltern. Aber wenn die Eltern ehrlich ihren Anteil am Scheitern der Ehe zugeben und zu ihren Fehlern und Schwächen stehen, kann es zu einer neuen Qualität von Begegnung kommen., in der sich die Kinder ernst genommen und verstanden fühlen. Ein Mann erkennt nach der Scheidung, daß er vieles in sich unterdrückt hat, das jetzt von neuem aufblühen kann. Er hat bisher immer versucht, die Erwartungen der Familie zu erfüllen. Jetzt erlebt er, daß er ein starkes spirituelles Bedürfnis hat. Er geht einen intensiven spirituellen Weg. Er meditiert und läßt andere an seinem Weg teilnehmen. Ein anderer kam durch seine Krankheit in Berührung mit bisher vernachlässigten Seiten seiner Seele. Er findet zu einem gesunden und maßvollen Lebensstil und wird für andere zum Ansprechpartner. Bisher hat er vielleicht immer nur gearbeitet. Jetzt erkennt er, daß es Wichtigeres im Leben gibt. Seine Krankheit hat ihn gelehrt, die Schönheit der Welt zu bestaunen und dankbar zu sein für jeden Augenblick. Männer oder Frauen, für die das Scheitern im Beruf anfangs eine Katastrophe war, sind auf einmal froh, daß sie nun endlich den Beruf und die Firma gefunden haben, in denen sie ihre Fähigkeiten viel besser einbringen können als vorher.

Das Ausleben der bisher unterdrückten Seiten kann den Menschen tief beglücken. Aber wichtig ist, daß das bisher Gelebte nicht völlig über Bord geworfen wird. Es war einseitig, aber es war nicht völlig schlecht. Wenn ich es unterdrücke und nur das bisher Unterdrückte lebe, dann werde ich genauso einseitig wie vorher. Die Kunst besteht darin, die neuen Lebensmöglichkeiten zuzulassen, ohne die positiven Wurzeln abzuschneiden, so wie ein Baum, der abgeschnitten wird, wieder neu ausschlagen kann. Manchmal braucht es das Abgeschnittenwerden, damit ein frischer Trieb ausschlagen kann. Aber die Wurzeln bleiben noch die alten. Wer das bisher Gelebte nicht mehr anschauen und es für immer begraben will, der kann zwar eine gewisse Zeit fasziniert von seinen Möglichkeiten gut leben. Aber irgendwann wird er wurzellos und der neue Trieb wird vertrocknen. Auf einmal hat er keine Kraft mehr. Er hat sich selbst beschnitten und in ein neues Korsett gezwängt, das genauso einseitig ist wie das bisherige.

8. Die neue Spiritualität

Das Neue, das wir leben, liegt nicht immer auf der gleichen Ebene wie das Alte. Der neue Lebensabschnitt kann zwar neue Fähigkeiten in uns hervorlocken. Aber es geht nicht nur um die Fähigkeiten und Möglichkeiten, die in uns stecken. Die neue Lebensspur will uns vielmehr neue Aspekte unseres Menschseins aufzeigen und uns in eine neue Spiritualität hineinführen. Da ist das Neue einer Weltwahrnehmung. Jetzt höre ich auf die leisen Töne des Lebens. Statt mich in die neuen Aufgaben zu stürzen, werde ich achtsamer und behutsamer.

Wer Ohren hat, der höre

Meditation zu Markus 4,1-9

Ich höre, öffne das Ohr meines Herzens
und höre auf meine innere Stimme.
Ich ziehe mich zurück, gönne mir eine Zeit der Stille! –
Brachland.
Schweige und höre!
Ich verschließe meine Ohren
und werde taub für die Stimmen aus meiner Vergangenheit,
die mich klein machten, die mich verurteilten
und meine Lebenslust erstickten,
ja, die mein Herz versengten.
Ich überhöre die Stimmen in mir, die nach Leistung schreien,
100-fach, 500-fach, 1000-fach, die Stimmen,
die bewerten und meine Sehnsucht „zu sein" niederschreien.
Ich möchte hören auf die leisen Töne in meinem Leben –
auf meine innere Stimme…
denn sie ist es, die mich einlädt ins Leben,
die mich befreit zu meinen eigenen Kräften und Fähigkeiten,
zum Sein.
Schweige und höre!
Ich will hören auf die innere Stimme,
die mir zeigt, wo ich Raum finde zum Leben,
wie ich aufkeimen, wachsen und reifen kann.
Diese innere Stimme ist meine Wurzel.
Sie trägt und hält mich, schützt meinen Weg,
bestärkt mich, wenn felsiger Boden Widerstand leistet,
wenn Dornen mir den Weg versperren.
Frucht gewachsen: im Schweigen und Hören.

Ich höre auf die leisen Stimmen in meinem Herzen. Ich gehe achtsamer mit mir um, aber auch mit den Menschen, denen ich begegne. Ich entdecke eine neue Innerlichkeit, die Sehnsucht, einfach still zu werden. Ich habe kein Bedürfnis mehr, mich in den Trubel zu stürzen und mich zu beweisen. Da ist vielleicht auch eine neue Barmherzigkeit und Milde. Das Scheitern hat mich milde gestimmt. Es hat die hohen Ideale zermahlen (milde kommt von mahlen). Mir vergeht es, über andere zu urteilen. Ich urteile auch nicht mehr über meine Ordensgemeinschaft oder meinen Ehepartner. Ich kann vieles lassen. Nichts Menschliches ist mir fremd. Eine neue Weite entsteht, die die Menschen so lassen kann, wie sie sind, die aufhört zu beurteilen, die sich vielmehr staunend vor dem Geheimnis jedes Menschen neigt.

Der Neubeginn nach dem Scheitern kann zu einer intensiven Gotteserfahrung werden. Es wird langsam ein neues Gottesbild entstehen, ein Bild des Gottes, der aus dem Nichts Neues schafft, der den Untergang in einen Neuanfang wandelt. Gott ist nach der Bibel wesentlich der immer Neue, der, der alles neu macht. Bei Jesaja stehen die Verse, die mich immer wieder berühren: „Denkt nicht mehr an das, was früher war; auf das, was vergangen ist, sollt ihr nicht achten. Seht her, nun mache ich etwas Neues. Schon kommt es zum Vorschein, merkt ihr es nicht?" (Jes 43,18f) Das Neue, das wir beginnen, kann Verheißung des radikal Neuen sein, das Gott in uns schafft. Das griechische Wort für neu „kainos" heißt eigentlich: „ungewohnt, besser als das Alte, dem Alten an Wert und Anziehungskraft überlegen". In der Bibel ist „neu" der Inbegriff des ganz Anderen, Wunderbaren, das Gott für uns Menschen bringt. Gott wird einen neuen Himmel und eine neue Erde schaffen. Jesus versteht sein Tun als Erneuern. Er möchte neuen

Wein in neue Schläuche füllen. Seine Botschaft ist etwas radikal Neues. Die Leute spüren, daß hier eine ganz neue Lehre verkündet wird. (Mk 1,27) Für die Jünger ist die Begegnung mit Jesus eine Neuheitserfahrung. Neues, bisher nie Gesehenes und Erlebtes wird in Jesus für die Menschen sichtbar. Jesus heilt Kranke und vergibt die Sünden. Er redet auf neue und ungewohnte Weise von Gott. Er ermöglicht den Menschen, die sich selbst aufgegeben haben, einen neuen Anfang. Beim letzten Mahl reicht er seinen Jüngern den Kelch des Neuen Bundes. Der Neue Bund ist geprägt von Gottes neuschaffendem Geist, der uns ein neues Herz schenkt, ein Herz, das fähig ist, Gottes Willen zu erfüllen. Und Jesus trägt uns ein neues Gebot auf, das Gebot der Liebe, das dem neuen Herzen entspricht. Und Paulus kann von der Erfahrung Christi sagen: „Wenn also jemand in Christus ist, dann ist er eine neue Schöpfung: Das Alte ist vergangen, Neues ist geworden." (2 Kor 5,17) In Christus haben wir den neuen Menschen angezogen, der vom Heiligen Geist Tag für Tag erneuert wird. Wenn wir die Worte der Bibel auf unser Leben übertragen, so spüren wir, daß jeder Neubeginn nicht nur eine neue Chance für uns ist, etwas Neues anzupacken, sondern daß jedes Neue mit Gott zu tun hat, daß Gott letztlich der ist, der uns durch seinen Heiligen Geist immer wieder neu schafft und das Alte erneuert. Der Neuanfang läßt uns erahnen, daß Gott in uns durch seinen Geist einen Anfang setzt. Gott ist die Verheißung, daß wir nicht festgelegt sind durch unsere Vergangenheit. Es gibt nicht die ewige Wiederkehr des Alten. Gott will immer wieder Neues in uns schaffen. Und manchmal muß er dabei das Alte zerbrechen, damit Neues werden kann. Jeder Neubeginn zeigt uns, daß Leben ein ständiger Wandlungsprozeß ist. Wenn wir am Alten festhalten, werden wir innerlich wie äußerlich erstarren. Das Alte muß sich wandeln, es muß von Gottes Geist erneuert werden, damit wir lebendig bleiben. Gott ist der, der uns wie dem Adler die Jugend erneuert, wie es in Psalm 103,5 heißt. Und beim Propheten Jesaja heißt es: „Die Jungen werden müde und matt, junge Männer stolpern und stürzen. Die aber, die dem Herrn vertrauen, schöpfen neue Kraft, sie bekommen Flügel wie Adler. Sie laufen und werden nicht müde, sie gehen und werden nicht matt." (Jes 40,30f) So ist ein Neubeginn letztlich eine Frage des Vertrauens auf Gott. Wenn ich mich mit allen Brüchen, die ich erlebt habe, auf Gott werfe und Ihm vertraue, werde ich immer wieder neue Kraft schöpfen. Mein Leben wird erneuert und ich werde auf meiner neuen Lebensspur gehen, ohne matt zu werden.

Ob der Neuanfang gelingt, hängt einmal davon ab, daß wir auf gute Weise Abschied nehmen, daß wir den Trauerprozeß durchlaufen, den jeder Abschied von uns verlangt, zum andern aber von unserem Vertrauen auf Gott. Es ist letztlich eine spirituelle Aufgabe, einen neuen Anfang zu wagen. Es kommt darauf an, daß wir Gott zutrauen, daß er uns erneuert, daß er uns neues Leben ermöglicht, daß er uns seinen Heiligen Geist schenkt, damit wir „in der neuen Wirklichkeit des Geistes" (Röm 7,6) leben und immer wieder Neues wagen können. Wenn wir dem Alten nachtrauern, bleiben wir immer bei uns. Wir kreisen um uns. Wir dürfen unsere Wirklichkeit nicht überspringen, aber irgendwann müssen wir sie loslassen, um uns dem Geist Gottes anzuvertrauen, der in uns wirkt und Neues in uns schafft. Auf der neuen Lebensspur werden wir also nur dann laufen können, ohne müde zu werden, wenn wir uns dem immer neuen Gott anvertrauen und aus Seinem Geist leben.

Die neue Spiritualität, in die uns das Scheitern zu führen vermag, verherrlicht das Scheitern nicht, und es macht keine Ideologie aus dem Scheitern. Wir dürfen das Scheitern nicht als absolute Bedingung für gelingendes Leben setzen. Wir sollen darauf hoffen, daß unser Weg auch ohne Scheitern gelingen wird. Aber wenn wir scheitern, dann könnte eine Annahme des Scheiterns zu einer tiefen spirituellen Erfahrung werden. Das hat Hans Jellouschek am Beispiel einer gescheiterten Ehe aufgezeigt. Wenn die Ehe zerbricht, dann zerbricht zugleich das Idealbild, das ich von mir und meinem Bemühen um eine gute Ehe hatte. Das ist eine tiefe Kränkung meines Selbstwertes. Alles, was ich mir aufgebaut habe, zerbricht. Mein Ego, das sich so gerne brüsten würde, wie gut ihm alles gelingt, wird vernichtet. Die Mystiker sprechen vom Ich-Tod. Wer scheitert, erlebt oft genug den Ich-Tod, ohne daß er sich durch Meditation und Askese in das Loslassen des Ichs einüben müßte. Das Ego und seine Sicherheit werden ihm genommen. Es bleibt ihm nichts mehr. Und in diesem Nichts erahnt er Gott auf neue Weise. Das Nichts führt zu Gott. Wenn nichts mehr bleibt, auf das er bauen könnte, dann entdeckt er Gott als das eigentliche Fundament seines Lebens. Er kann nicht mehr auf seinen Beruf aufbauen, nicht mehr auf sein Vertrauen, daß die Beziehung ihm gelingt, noch auf die Sicherheit, die ihm die Ordensgemeinschaft gegeben hat. Alles wird ihm genommen. Er begegnet seiner eigenen Nacktheit. Aber gerade in dieser Nacktheit enthüllt sich Gott als das wahre Feuer, das den Dornbusch zum Brennen bringt.

Der brennende Dornbusch ist ein schönes Bild für die spirituelle Erfahrung des Scheiterns. Mose erlebt sich als gescheitert. Er mußte aus Ägypten fliehen. Sein Versuch, mit eigener Kraft die Ägypter zu schlagen, ist mißlungen. Jetzt fühlt er sich unbrauchbar und wertlos. Da begegnet er in dem ausgedorrten Dornbusch einem Bild seiner eigenen Wertlosigkeit. Aber gerade im Dornbusch leuchtet die Flamme Gottes. Der Dornbusch brennt, ohne zu verbrennen. Mose muß seine Schuhe ausziehen, um sich nackt dem Geheimnis Gottes zu nahen. Und in seiner Nacktheit wird er von Gott angesprochen und berufen, sein Volk aus der Gefangenschaft zu befreien. Als er sich nichts mehr zutraute, mutete Gott ihm eine neue Sendung zu. Als er zunichte geworden war, entstand in ihm der große Prophet. So kann gerade das Scheitern als Zerbrechen aller eigenen Illusionen und Sicherheiten in das Geheimnis der göttlichen Liebe hineinführen.

In der Tradition der Mystik gab es immer auch Leidensmystik und Kreuzesmystik. Sie hat etwas davon verstanden, daß gerade das Scheitern ein Weg zu einer neuen Art von Gotteserfahrung und Gottesliebe sein kann. „Mystiker des Kreuzes auch aus vergangenen Jahrhunderten sind auch für den heutigen Menschen Zeugen für die Dimension der Liebe im Leiden und damit für das christliche Paradox, daß Leiderfahrung zur Sinnerfahrung werden kann." (Hinricher 735f) Johannes vom Kreuz ist überzeugt, daß sich das Bild des gekreuzigten Christus nur in dem einprägen kann, der von allem leer geworden ist. Leere, Nichts, Zunichtewerden, das sind für die Mystiker Voraussetzungen wahrer Gotteserfahrung. Im Scheitern fühlt sich der Mensch von allem entleert, was ihn bisher erfüllt hat, da erlebt er sich als ein Nichts, zunichte geworden. Da wird ihm alles genommen, auch sein Ego, das sich bisher ständig zwischen Gott und seinen innersten Kern gestellt hat. Natürlich führt das Scheitern nicht von selbst zu einer Gotteserfahrung. Es kann nur zur Chance werden für den, der sich von allem entblößen läßt und sich in seiner Ohnmacht und

Nichtigkeit in Gott hinein ergibt. Dann kann ihm gerade in seinem Scheitern Gott aufgehen als der, der selbst in seinem Sohn Jesus Christus hinabgestiegen ist in unsere Nichtigkeit, der am Kreuz selbst für uns zum Nichts geworden ist, zum Spott der Leute, zum Hohn aller Selbstgerechten, die schon immer gewußt haben, daß das nicht gut ausgeht mit diesem Jesus von Nazareth.

Das Scheitern zerbricht unsern Stolz, als ob wir alles selber machen könnten, als ob wir durch Askese und Meditation für uns garantieren könnten, daß wir immer im Willen Gottes bleiben. André Gide betete nach jedem Scheitern: „Herr, ich gebe alles auf, worauf ich meinen Stolz setzte." (Wilke 396) Das Scheitern stellt uns vor die Frage, ob wir weiter daran glauben, daß wir uns aus eigener Kraft verbessern können, daß uns unsere spirituelle Praxis vor jedem Mißlingen schützen könne. Es zwingt uns, unsere Ohnmacht zuzugeben. Aus dieser Ohnmacht wächst ein neues Vertrauen. Da geht uns Gott auf, der auch unser Scheitern noch in seinen guten Händen hält. Wir können Gott nicht mehr für uns benutzen. Wir können Gott nicht mehr mit unserem eigenen Wohlbefinden und mit unserer Tugend identifizieren. Wir müssen uns ergeben, uns vergessen, damit Gott in uns den Raum findet, in uns zu wohnen und uns von Grund auf zu verwandeln.

Wenn im Scheitern der alte Mensch mit seiner Sicherheit, mit seinem Sich-Eingerichtethaben gestorben ist, dann kann er den neuen Menschen anziehen und die Mahnung des Epheserbriefes erfüllen: „Legt den alten Menschen ab, der in Verblendung und Begierde zugrunde geht, ändert euer früheres Leben, und erneuert euren Geist und Sinn! Zieht den neuen Menschen an, der nach dem Bild Gottes geschaffen ist in wahrer Gerechtigkeit und Heiligkeit." (Eph 4,22-24) Das Scheitern zerbricht den alten Menschen, der sich von Illusionen täuschen ließ, der Idealbildern nachlief und meinte, darin Gottes Willen zu erfüllen. In Wirklichkeit ist er der Verblendung durch seine eigenen Begierden, durch seine eigenen Wunschvorstellungen erlegen. Jetzt ist er offen dafür, den neuen Menschen anzuziehen, der dem ursprünglichen und unverfälschten Bild Gottes entspricht. Es ist letztlich Christus selbst, den wir anziehen. Wenn der alte Mensch im Scheitern zunichte geworden ist, sind wir offen für Christus, der in uns wohnen und uns zu unserem wahren Selbst führen will.

Schluß

In der geistlichen Begleitung und in den Kursen in unserem Gästehaus und vielen anderen Bildungshäusern begegnen wir immer wieder Menschen, die in ihrer Ehe, in ihrem Beruf und in ihrem Lebenskonzept gescheitert sind. Aber gerade die Gescheiterten erleben wir als offen für geistliche Erfahrungen. Sie sind auf der Suche. Natürlich gibt es immer wieder auch satte Menschen, die zu den Kursen kommen. Sie möchten ihr Wissen um die verschiedenen Kursleiter vermehren, damit sie daheim angeben können, bei wem sie schon waren und wen sie kennen. Sie gehen von einem Guru zum andern, lassen sich aber auf keinen wirklich ein. Die Arbeit mit den Satten macht keinen Spaß. Die Gescheiterten sind die Hungrigen, „die hungern und dürsten nach der Gerechtigkeit" (Mt 5,6). Sie öffnen sich auf neue Weise für Gott. Und sie erfahren Gott intensiver als die Satten. Wenn ihnen alles zerbrochen ist, worauf sie bisher stolz waren, dann sind sie offen, sich von Gott neu anrühren zu lassen und sich auf Gottes neue Wege einzulassen. In Münsterschwarzach haben wir einen eigenen Kurs für Menschen gehalten, die im Beruf, in der Ehe oder im Raum Kirche gescheitert sind: „Schweig mich nicht tot, wenn ich gescheitert bin." Da kamen Menschen, die hungrig waren, Gott in ihrem Leben auf neue und authentische Weise zu erfahren.

Kurse und Begleitung geschehen im Rahmen der Kirche. Die Kirche ist offensichtlich doch noch der Ort, an dem Gescheiterte nach einer neuen Lebensspur suchen. Auch wenn die Kirche das Scheitern eher verdrängt, so wird sie doch von vielen als Raum verstanden, in dem man sein Scheitern eingestehen und sich neu auf den Weg machen kann. Wenn die Kirche aber das Scheitern nur den Gescheiterten anlastet und es religiös „entsorgen" möchte, indem es die Gescheiterten auf den richtigen Weg „heimholt", dann verletzt es die Menschen, die auf sie ihre Hoffnung setzen. Daher scheint es uns wichtig, daß sich die Kirche neu auf die Gescheiterten einläßt und eine Theologie entwickelt, die dem Scheitern Jesu am Kreuz entspricht und den Menschen gerecht wird, die eine ähnliche Kreuzeserfahrung durchleiden mußten. Wir haben dieses Buch geschrieben, damit wir innerhalb der Kirche uns vorurteilslos dem Scheitern vieler guter Christen stellen, dem Scheitern von Priestern und Ordensleuten, dem Scheitern in Ehe, Beruf und Lebenskonzept. Von der Botschaft Jesu, des Gekreuzigten, her könnte die Kirche heute zur Zufluchtsstätte für die vielen Gescheiterten werden, für die die Gesellschaft wenig Verständnis aufbringt. Damit würde sie verwirklichen, was Paulus von der Gemeinde in Korinth schreibt: „Da sind nicht viele Weise im irdischen Sinn, nicht viele Mächtige, nicht viele Vornehme, sondern das Törichte in der Welt hat Gott erwählt, um die Weisen zuschanden zu machen, und das Schwache in der Welt hat Gott erwählt, um das Starke zuschanden zu machen. Und das Niedrige in der Welt und das Verachtete hat Gott erwählt: das, was nichts ist, um das, was etwas ist, zu vernichten, damit kein Mensch sich rühmen kann vor Gott." (1 Kor 1,26-29) Die, die im Scheitern zunichte geworden sind, sind die von Gott Erwählten. An ihnen will Gott den ganzen Reichtum seiner Gnade erweisen. Sie erfahren die „Gnade des Nullpunkts". Sie haben Raum in der Liebe Gottes, der die Mächtigen vom Thron stürzt und die Niedrigen erhöht. (Vgl. Lk 1,52)

Wir haben dieses Buch aber nicht nur für die Gescheiterten geschrieben, sondern für alle, die auf der Suche sind. Das Schei-

Ein Clown Gottes

Ein neuer Auftritt auf der Bühne des Lebens.
Bist du bereit, mein Clown?
Dein Gesicht ist geschminkt. Bereit zum Auftritt?

Nein, wartet noch, wartet auf mich. Ich bin noch nicht so weit.
Die Kleider sind noch ungewohnt für mich.
Und meine Schuhe, sie sind noch nicht fest geschnürt.
Ich muß sie binden, fest binden!
Ich möchte nicht stolpern, möchte sicheren Schrittes
auf der Lebensbühne erscheinen.
Ein Clown bin ich geworden, Närrin Christi?
Mein Gesicht ist geschminkt mit den Farben des Regenbogens.
Hoffnungsträger möchte ich sein.
Ein Feuer der Hoffnung entfachen.
Aber ich bin noch nicht soweit,
meine Schuhe sind noch nicht geschnürt.
Überfordert mich nicht,
wartet auf mich.
Ich habe Angst vor der Menge der Leute,
ich habe Angst vor ihren Blicken.
Ich habe Angst, auf die Bühne des Lebens zu treten
mit dieser neuen Rolle,
Närrin Christi zu sein.

Das Törichte hast du, Gott, erwählt,
um die Weisen zuschanden zu machen.
Das Schwache hast du erwählt,
um das Starke zuschanden zu machen.
Das Niedrige und Verachtete hast du erwählt,
das, was nicht ist, um das, was etwas ist, zu vernichten,
damit kein Mensch sich rühmen kann vor dir.
Vielleicht muß ich doch stolpern als dein Clown,
um die Menschen für dich zu gewinnen, Jesus.
Zum Clown muß ich werden,
vernarrt in dir.
Vielleicht muß ich halb angezogen auf der Bühne erscheinen:
nicht perfekt,
nicht vollkommen,
nicht korrekt,
um Deine Närrin zu sein
in dem Zirkuszelt dieser Welt.
Nur so bleibt deutlich, daß ich ein zerbrechliches Gefäß bin,
daß das Übermaß der Kraft und der Freude von dir kommen
und nicht von mir.

tern anderer verunsichert uns selbst. Es stellt uns die Frage, ob unser Lebenskonzept authentisch ist oder ob wir nur so weitermachen, weil ein Ausbruch aus dem Gewohnten uns zuviel Angst macht. Das Scheitern anderer erinnert uns daran, daß wir für uns und unseren Lebensentwurf nicht garantieren können. Es mahnt uns zu beherzigen, was Paulus den Korinthern schreibt: „Wer also zu stehen meint, der gebe acht, daß er nicht fällt." (1 Kor 10,12) Wenn wir unser Leben ehrlich anschauen, so werden wir darin auch Situationen finden, in denen wir gescheitert sind, in denen Illusionen zerbrachen, Entwürfe nicht die Erfolge brachten, die wir erhofften, in denen wir in Sackgassen gerieten, in denen es nicht mehr weiter ging. Wir sind nicht die, die vom sicheren Standpunkt aus den Gescheiterten Barmherzigkeit erweisen. Wir sind selbst die Gefährdeten und in gewisser Weise immer auch die, die selbst gescheitert sind und immer wieder scheitern. Aber in allem Scheitern sollten wir darauf vertrauen, was Paulus den Korinthern zuspricht: „Gott ist treu; er wird nicht zulassen, daß ihr über eure Kraft hinaus versucht werdet. Er wird euch in der Versuchung einen Ausweg schaffen, so daß ihr sie bestehen könnt." (1 Kor 10,13)

Segen

Ich lasse dich nicht fallen und verlasse dich nicht.
Ich bleibe bei dir mit meiner Liebe,
ich begleite dich, wohin du auch gehst.
Meine Liebe sei deine Kraft , meine Treue sei dein Schutz.
Meine Zärtlichkeit hülle dich ein, und meine Sehnsucht
komme dir entgegen.
Wenn du traurig bist, will ich dich trösten,
in deiner Unruhe lege ich meine Hand auf dich,
in deinem Schmerz küsse ich deine Wunde,
und im Getriebensein gehe ich als Engel der Langsamkeit
an deiner Seite.
Wenn Menschen dich verlachen, stärke ich dir den Rücken,
in deiner Einsamkeit nehme ich dich in meine Arme,
in deiner Sprachlosigkeit leihe ich dir meine Stimme,
und wenn du gebeugt bist, richte ich dich auf
durch einen Blick der Liebe.
Wenn alles in dir erstarrt, schenke ich dir meine Wärme,
und wenn Sorgen dich drücken,
flüstere ich dir Worte der Zuversicht ins Ohr.
Füllt Gram deine Seele, will ich ihn vertreiben,
und meine Gegenwart möge dir Licht sein in allem, was du tust.
Am Morgen weckt dich meine Sehnsucht,
und am Abend deckt meine Liebe dich zu;
schlafe ein in meinen Armen
Atem in Atem, Herz an Herz...
lausche, es schlägt für dich....durch die lange Nacht,
an jedem neuen Tag....

Literatur

John Bradshaw, Das Kind in uns, München 1992.

Susan Forward, Emotionaler Mißbrauch. Wenn andere mit Gefühlen drohen, München 1998.

Gotthard Fuchs/Jürgen Werbick, Scheitern und Glauben. Vom christlichen Umgang mit Niederlagen, Freiburg 1991.

Gotthard Fuchs, „Dem Gegenteil ins Gesicht sehen". Scheitern und Über-Leben. Die österliche Perspektive, in Lebendige Seelsorge 1996, 25-33.

Gemma Hinricher, Kreuzesmystik, in LexSpir 735-740.

Hans Jellouschek, „Warum hast Du mir das angetan?" Untreue als Chance, München 1995.

David Johnson & Jeff VanVonderen, Geistlicher Mißbrauch. Die zerstörende Kraft der frommen Gewalt, Wiesbaden 1996.

Verena Kast, Entwurzeln - Verwurzeln: Trauerprozesse bei Umbrüchen, in: Abschiedlich leben. Umsiedeln - Entwurzeln Identität suchen, hrg. v. Peter M. Pflüger, Olten 1991, 155-173.

Alexander und Margarete Mitscherlich, Die Unfähigkeit zu trauern, Frankfurt 1967.

Otger Steggink, Leidensmystik, in LexSpir 784-786.

Eucharis Wilke, In der Talsohle unseres Daseins. Über das Scheitern, in CiG 48/1997, 397.